体育课程一体化丛书

TIYU KECHENG YITIHUA CONGSHU

武术教程

WUSHU JIAOCHENG

于素梅 郭文革 魏换强 等 编著

教育科学出版社

·北京·

出 版 人 郑豪杰
责任编辑 代周阳
版式设计 锋尚设计 王 辉
责任校对 翁婷婷
责任印制 叶小峰

图书在版编目（CIP）数据

武术教程 / 于素梅等编著. — 北京：教育科学出
版社，2023.7
（体育课程一体化丛书. 教程系列）
ISBN 978-7-5191-3291-0

Ⅰ.①武… Ⅱ.①于… Ⅲ.①武术－中国－教材
Ⅳ.① G852

中国国家版本馆 CIP 数据核字（2023）第 020991 号

武术教程
WUSHU JIAOCHENG

出 版 发 行	教育科学出版社				
社 址	北京·朝阳区安慧北里安园甲 9 号		邮 编	100101	
总编室电话	010-64981290		编辑部电话	010-64989422	
出版部电话	010-64989487		市场部电话	010-64989009	
传 真	010-64891796		网 址	http://www.esph.com.cn	
经 销	各地新华书店				
制 作	北京锋尚制版有限公司				
印 刷	河北鹏盛贤印刷有限公司				
开 本	787 毫米 ×1092 毫米		版 次	2023 年 7 月第 1 版	
印 张	16.75		印 次	2023 年 7 月第 1 次印刷	
字 数	292 千		定 价	98.00 元	

图书出现印装质量问题，本社负责调换。

编委会

丛书序

2021年6月23日，教育部办公厅印发了《〈体育与健康〉教学改革指导纲要（试行）》，明确指出体育课程教学长期存在繁（项目繁多）、浅（蜻蜓点水）、偏（缺乏系统）、断（学段脱节）的现象，要求体育课程要"教会、勤练、常赛"，努力教懂、教会健康知识、基本运动技能和专项运动技能。

为什么体育课程教学存在繁、浅、偏、断的现象呢？这是因为我们对体育学科特性理解不深、对体育课程研究不透。当充满自发性、自主性、尽兴性、专一性和非功利性的游戏（play）和运动（sports）走进学校，变成了在班级上课，教学强调基础、主张全面，课时短、人数多、器具有限的体育（physical education）的时候，我们遭遇了"体育课学习蜻蜓点水、低级重复、浅尝辄止、半途而废""小学篮球是胸前传球，大学篮球还是胸前传球""上了12年体育课却什么运动技能都没很好地掌握""喜欢体育，但不喜欢体育课"的体育课程教学困局，而在"什么都教，什么都教一点""短、平、快"的体育教学中，体育教师也逐渐丢失了自己的运动专长，成了日日重复平庸教学的"万金油"。

要解决这一难题，比较好的办法就是瞄准大中小（幼）体育课程一体化，构建"跨学段体育课程教学递进模式"和"跨学段体育学业评价方法"，同时创新实现上述体育课程改革的教学形式，构建"可选择的专项化体育教学"，即"体育选项走班"的教学模式。这一直面体育课程教学"真问题"的系统性改革，可促进体育的要求与游戏和运动的特性相融合，让掌握运动技能的客观规律回归到体育课堂的教学过程中，让"教会、勤练、常赛"在学生运动学习的参与自发性、过程自主性、时数充足性、内容连续性、教学专项性的特性中得以切实保障。

于素梅博士率领的研究团队长达4年的"一体化"课程研究与教学创新，其本质就是围绕这一重要基本理论问题与方法论进行的学术攻关。今天，我们又高兴地看到，该研究在推出了系列研究论文与报告之后，又推出了更为系统、对课程建设和一线教学更具指导意义的研究成果：以各项运动项目的学理、排列理论、教程、评价为内容的系列成果，并以丛书形式出版。这是一件非常可喜可贺的事情，因为这是一项"硬核"的研究成果，它无疑是学校体育课程建设的一件具有里程碑意义的大事，是值得众多体育课程教学研究专家热情关注的事情。

我建议，在面对这项新的而且可能还有些不适应甚至不理解的研究成果时：第一，应有"真问题解决"的视角，即从体育课程教学的真问题去看待这项研究成果，看它对解决体育课程教学真问题是否有效；第二，应有"学科学理性"的视角，即从游戏、运动、体育的特性去看待这项研究成果，看它对体育课程教学的规律是否有更深入的剖析和阐释；第三，应有"实践可行性"的视角，即依据我国学校体育教学及体育教师的基本状况去看待这项研究成果，看它能否符合基层体育教改的需要与实际的状况；第四，应有"研究阶段性"的视角，即从一项宏大且困难的阶段性成果的角度去看待这项研究成果，我们既要看到它的局限性和存在的不足，也要看到它的深远意义和未来深入研究的可持续发展性。

衷心祝贺丛书的出版，我坚信，它的出版对新时代中国体育课程教学的科学化发展，对推进以"教会、勤练、常赛"为核心的体育课程教学改革，对实现《"健康中国2030"规划纲要》提出的"基本实现青少年熟练掌握1项以上体育运动技能"的目标，都有重要贡献。

是为序。

北京师范大学教授、博士生导师
全国学校体育联盟（教学改革）主席

毛振明

2022年11月23日

前言

　　大中小（幼）体育课程一体化（简称"一体化"）是受教育部课程教材研究所委托，由中国教育科学研究院于2018年深入贯彻全国教育大会精神启动建设的系统工程、使命工程，是体育学科的教育教学工作者一直期盼的体系化建设，是解决长期遗留的体育课程在实施过程中"蜻蜓点水、低级重复、浅尝辄止、半途而废"等问题的突破性研究。

　　以上这些长期遗留的问题难以解决，但并非绝对不能突破。为了彻底改变现状、解决疑难问题、建立科学体系，一体化项目组首先面向全国建立了一体化研究团队，包括理论研究团队和实验团队。为确保理论研究成果具有科学性、权威性和实用性，一体化项目组成立了由全国知名专家学者组成的顾问团队，由86个小组1486名符合学过、练过、教过、研究过"四过"要求的教师组成的专业研究团队，由33个实验区500余所实验校参与实验工作的实验团队。研究团队的建立为确保突破难题，创建一体化体系提供了强有力的保障。

　　习近平总书记在全国教育大会上强调"要树立健康第一的教育理念，开齐开足体育课，帮助学生在体育锻炼中享受乐趣、增强体质、健全人格、锤炼意志"。一体化研究紧紧围绕这个精神，以学生终身体育和身心健康发展需求为逻辑主线，建构纵向衔接、横向一致、内在统一、形式联合的课程总体框架；依据学生的生长发育规律、动作发展规律、认知发展规律、运动技能形成规律以及体育学科特点等，系统确立各学段的学习方式，即幼儿启蒙期游戏化、小学基础期趣味化、初中发展期多样化、高中提高期专项化、大学应用期自主化；为促进一体化有效开展，建立了理念"生本化"、目标"层次化"、内容"结构化"、实施"多样化"、评价"多元化"的五大联动机制；为科学精准地确定体育学习的起点和提升内容的适宜性，提出了动作技能学习"窗口期"理论、运动需求理论；为全面而有效地实施体育课程一体化改革，创建了"幸福体育课程模式"等。在内容设置方面，通过系统研究，划分为必修必学、必修选学，其中，必修必学设置的是哪个学段学什么、怎么学、学到什么程度的基本运动技能、体能、健康教育、安全教育等内容体系，必修选学是按照模块进阶式设置各专项运动的内容体系。必修选学的专项运动均划分为六个模块，每个模块对应一个运动能力等级，每学完一个模块用对应的运动能力等级标准评价，达到该等级后，进入下一模块的学习，以此类推，充分体现学习衔接性。在课程实施方面，打破原有常规化的"行政班级授课制"（或自然班级授课制）形式，为更好地激发学生运动兴趣，满足学生运动需求，促进1—2项运动技能掌握，实现运动能力的形成，经过在全国6个实验区的实验后，提出从小学五年级开始，有条件的学校可以增加"体育选项走班制"教学组织形式。在课程评价方面，提出围绕体育学科培育核心素养，体育学业质量评价聚焦知识、能力、行为、健康四个方面，运动能力评价突出"技能与运用"，划分为基本运动能力评价和专项运动能力评价，分别都设六个等级。专项运动能力一级、二级为夯实基础期，三级、四级为提高能力期，五级、六级为发展特长期。基于区域差异、学校差异和学生兴趣爱好的不同，对专项运动能力提出了"定级不定项"的学段评价原则，小学毕业需要达到专项运动能力二级，初中毕业需要达到专项运动能力四级，某专项运动凡是达到四级就相当于掌握了该项运动。

体育课程一体化丛书，是我国体育课程一体化研究的首套教程，能为广大一线教师基于学生的发展需求科学系统地把握教什么、怎么教和教到什么程度提供重要依据。这套教程包括按学段编写的《K12基本运动技能教程》《K12体能教程》《K12健康教育教程》《K12安全教育教程》，按模块编写的《篮球教程》《足球教程》《五人制足球教程》《排球教程》《羽毛球教程》《乒乓球教程》《网球教程》《田径教程》《体操教程》《健美操教程》《啦啦操教程》《排舞教程》《团体操教程》《蹦床教程》《武术教程》《中国式摔跤教程》《游泳教程》《滑冰教程》《滑雪教程》《冰球教程》《冰壶教程》《五体球教程》《高尔夫球教程》《软式棒垒球教程》《英式橄榄球教程》《腰旗橄榄球教程》《轮滑教程》《滑板教程》《攀岩教程》《定向运动教程》《舞龙教程》《舞狮教程》《竹竿舞教程》《花样跳绳教程》《键球教程》《藤球教程》《跆拳道教程》。每个教程按模块设计，分单元按学、练、赛、评一体化的思路创建教程内容体系。

本册《武术教程》共包含三大部分，第一部分是武术一体化设计，第二部分是武术教学策略，第三部分是武术教学资源。每个部分又分为若干个章节。其中，第一部分包含三章，即武术的发展与价值、武术的模块设计、武术的单元设计；第二部分包含六章，每一章都是对应模块的教学策略；第三部分包含三章内容，分别为武术教学准备与放松活动案例、武术专项体能锻炼、武术教学规范教案与课例。

《武术教程》特点具体体现在以下方面：（1）系统连贯。该课程将武术运动的相关知识、技战术等内容按照六个模块的方式，由简到繁、由易到难递进呈现，既体现系统性，又有明显的衔接性。（2）以学定教。该教程从学生的角度出发，从学、练、赛、评四个维度展开各单元的教学指导活动，注重创新设计，充分考虑该教程服务于教师指导学生有效学习与促进学生发展。（3）全面具体。该教程内容较为全面，既有模块与单元设计，又有各单元的教学策略，还有为一线教师提供的必备教学资源，如准备与放松活动、专项体能锻炼、规范教案与课例等，便于教师操作和有效利用。（4）生动直观。该教程中有大量的运动图片，较为生动直观，有助于一线教师对教程的理解、把握和有效应用。（5）应用广泛。该教程适宜各个学段，如果小学阶段学习模块一、模块二，学习结束达到武术运动能力一级、二级水平的话，小学学段的教师则只需要参照前两个模块组织教学活动即可。如果初中学校学生已经有了一级、二级水平，就可以从模块三学起，所以，依然是这本《武术教程》，可以在教程中选择学习模块三以及后续学习模块四等部分的内容。高中和大学在教授武术的时候，依然可以采用该教程进阶式组织学生学习。

该套教程的撰写，得到教育部课程教材研究所、中国教育科学研究院等领导，以及北京师范大学毛振明等的指导。《武术教程》一书的图片由北京印象视界传媒有限公司绘图团队绘制。整套书的出版得到了教育科学出版社的大力支持和专业指导。在此一并表示感谢。

真诚地希望这套一体化教程能够帮助广大一线教师有效提升教学质量、提高教育教学能力与水平，为贯彻落实好《〈体育与健康〉教学改革指导纲要（试行）》，以及为体育课标的具体而有效的落实发挥重要作用。本书如有不当之处，也请各位老师和读者批评指正，我们后续再做进一步完善。感谢大家对体育课程一体化项目的关心和对这套教程的厚爱。

于素梅

2022年11月10日

目录

第一部分
武术一体化设计

第二部分
武术教学策略

第三部分
武术教学资源

第一部分
武术一体化设计

　　基于武术课程一体化的总体设计，根据武术概念的内涵和外延，本教程以技击方法为基本内容，以武术的三种运动形式为主线进行武术课程的设计，将武术基本功法、武术套路、格斗技术进行融合，设计出六大模块。通过对不同模块的划分，能使学生更系统地学习武术技术，提升武术技术能力，深化和拓展武术运动能力，提高鉴赏和竞赛能力。武术一体化课程呈现科学性、系统性、衔接性、适宜性等基本特征。

　　我们对武术课程进行一体化设计，是为了便于一线体育教师合理有效组织武术教学，使武术学习中上、下学段之间的衔接更加科学，使学生进阶式学习武术并达到一定水平，同时，使学生的武德礼仪、拼搏进取等体育精神得到培养，真正实现"以体育人"。本教程每个模块评价部分均对应运动能力设计了相应等级水平，即模块一对应水平一，模块二对应水平二，依次类推。每个模块根据内容难度和数量又划分为若干个单元，每个单元按照学、练、赛、评一体化组织教学。

第一章｜武术的发展与价值

武术是以中华文化为理论基础，以技击方法为基本内容，以套路、格斗、功法为运动形式的传统体育。武术在漫长的发展过程中，充分融入了道教、佛教、儒家等思想，汲取了中国传统美学、养生学、医学思想，积淀了丰富的文化内涵，凝聚着中国人特有的思维方式、价值取向和审美观念，具有内外合一、形神兼备的民族风格，是中国传统文化的重要组成部分。

第一节　武术的发展特点

武术的形成与发展伴随着整个中华民族文明发展的历程，并始终受不同时期政治、经济、军事和文化的影响。在中华文化的氛围中，武术逐渐得到完善，并沿着自身规律不断向前发展。

一　原始社会的武术萌芽

中国武术的起源，可追溯到原始社会人类的生产活动。原始时代，人类在生存竞争中，不仅练就了徒手与禽兽搏斗的本领，也逐渐掌握了使用工具同野兽搏斗的技能。人与兽斗是技击萌生的因素之一，而人与人斗则与武术的出现有着更为直接的关系。人与人之间的搏杀技巧使攻与防的技术不断提高。随着生产水平的提高，私有制的产生，氏族、部落之间出现有组织的战争，更加速了原始武术的形成。频繁的战争不仅促使劳动工具转化为兵器，也使格斗技能逐渐从生产技术中分离，这对武术的发展产生了重要的影响。另外，图腾武舞作为原始部落祭祀的主要内容，其基本活动特征就是手持兵械而舞，这种将宗教祭祀、教育、娱乐及搏斗训练于一体的活动方式是中国古代武术萌生的重要因素。

二　古代武术得到快速发展

商周时期的军事战争是促使武术形成的催化剂。青铜武器的广泛使用促进了军事武艺的快速发展。周代"六艺"中的"射""御"说明练武在教育中占有重要地位，这些都对武术的发展具有极大的促进作用。

秦、汉、三国处于中国封建社会的上升时期，为武术发展创造了积极的条件。秦朝统治者禁武但重视军事训练，汉代也因经常受到少数民族的侵扰而重视武备和军事训练，促进了武术的发展。两晋南北朝时期，武术在与道教文化的交融中逐渐与养生相结合，养生理论和炼养功法有了很大发展，所谓炼精化气、炼气化神等都对后来的武术产生了影响。

唐朝是中国封建社会的繁荣时期，武术在这一时期得到迅速发展。建立武举制，通过考试选拔武勇人才的办法极大地促进了武术的发展。唐朝时徒手格斗技艺的角力、角抵、手搏、相扑等混称并用，亦十分兴盛。两宋时期，出现了大量的武艺结社组织，为武术的交流、传授、发展创造了有利的条件。宋朝时表演武艺的兴盛使得套子武艺开始大量出现，对后世武术向表演化方向发展影响深远。

明清时期是中国武术发展的重要时期，武术与军事武艺分离开来，风格不同的武术拳种流派分立，十八般武艺有了明确的记载。武术与传统养生理论的融合，武术套路的形成，太极拳、八卦掌、形意拳等内家拳的出现，以及对武德的明确要求，都标志着武术文化完备形态的形成，为后世武术的发展开创了广阔的空间。

三　近代武术的多元化发展

民国时期政局动荡，不同思潮的激烈交锋、土洋体育的争论，都影响着武术的发展。各种武术社团和组织纷纷建立，成立于1910年的精武体育会，是当时传播最广、维持时间最长、影响力最大的武术组织。1915年4月在天津召开的全国教育联合会第一次会议上通过决议：各学校应添授中国旧有武技。1918年10月在教育部召开的全国中学校长会议上通过决议：全国中学校一律添习武术。这标志着武术正式成为学校体育课程的一项内容。1928年国民党政府在南京组织成立了官方组织——中央国术馆，之后，各省、市、县也相继成立了地方国术馆，这对武术运动发展的影响是积极深远的。1928年和1933年由中央国术馆组织举办的两次"国术国考"是近代影响最大的武术比赛，初步形成了武术竞赛规则。1936年德国柏林承办第十一届夏季奥运会，中国代表团派出由11人组成的国术表演队远赴德国表演，首次向世界展示了中华武术的风采。随着武术理论的科学化发展、武术进入学校体育课和运动竞赛，人们对武术的认识不断深化，开始从体育视角认识武术。

四　当代武术稳步走向世界

（一）国内武术的繁荣发展

中华人民共和国的建立为武术书写新的历史篇章创造了条件。以增强人民体质为宗旨的健身武术，以提高运动技术水平、获得优异成绩为目的的竞技武术和以挖掘和继承为主的传统武术都得到了蓬勃的发展。学校武术教育也备受关注。1961年，武术被列入全国大、中、小学体育教学大纲。1982年，上海体育学院开始招收武术理论与方法硕士研究生。1996年，上海体育学院获批建立武术理论与方法博士学位授权点。2004年，教育部明确规定，体育课应适量增加中国武术等内容。2010年8月，教育部办公厅、国家体育总局办公厅联合下发关于推广实施《全国中小学生系列武术健身操》的通知，决定在全国普通中小学校、中等职业学校中推广实施。

（二）武术走向世界与世界接纳武术

1960年，中国武术队出访捷克斯洛伐克，这是新中国成立后武术代表队的首次出访。1982年，在"积极稳步地把武术推向世界"方针的指导下，我国通过派出武术访问团、开展国际武术竞赛活动、创编国际竞赛规定套路、制定国际竞赛规则、举办国际武术教练员和国际武术裁判员学习班等方式把武术推向世界。经过不懈的努力，1999年，国际奥林匹克委员会通过决议，接纳了国际武术联合会，这对武术在世界范围内的传播具有深远的意义。1987年，日本举行第一届亚洲武术锦标赛。1990年，武术被列为亚运会比赛项目。1991年，北京举行第一届世界武术锦标赛。2008年北京奥运会上，竞技武术登上了奥运舞台。2019年，由国际武术联合会主办的第十五届世界武术锦标赛在上海举办。目前，国际武术联合会140多个会员组织遍布世界，武术已成为一项在世界上广泛开展的体育运动。武术竞赛的种类和形式越来越丰富，影响力也越来越大，为武术在世界范围的传播与发展起到极大的推动作用。

第二节　武术的育人价值

武术在中国流传了几千年，武术的价值随着社会生产力的提高也在不断变化着，在不同的历史时期，武术对社会有着多方面的积极作用。武术的健身价值、技击价值、育人价值以及经济价值一直被人们认可和推崇。尤其是武术的育人价值，对于磨炼意志、塑造品格等完善个体道德修养具有至关重要的作用。武术教学与武德教育贯串始终，两者互为依存，互相促进，形成了完整的武术教育。武术作为学校体育的重要内容，通过武术拳理、武术礼仪、武术技法等将武德教育渗透于武术教学的全过程，对于培养尚武崇德的新时代武术人才具有独特的育人价值。

一　强健体魄，防身自卫

武术的内容丰富，形式多样，不仅有拳术，还有长、短等多种器械；不仅有套路练习形式，还有对抗练习和功法练习形式。同时武术注重内外兼修和形神兼备，不仅强调外在的身体练习，也讲究内在的气血调节。根据青少年的身体特点和兴趣爱好，有针对性地进行武术练习，将内练外练有机结合，可以全面促进青少年的身体发展。技击是武术的本质属性，武术的技术动作都具备攻防含义，通过武术技法的习练与提高，可以达到防身自卫的目的。

二 武德礼仪，规范举止

武德是习武人群以尚武崇德为核心，在习武过程中必须遵守的言行准则。礼仪是武德的外在表现形式，是对习武者待人接物的具体规范，武德礼仪教育能传承谦虚礼让、重义轻利、诚信守诺的精神。谦虚礼让是习武者人际交往的基本准则，"未曾学艺先学礼，未曾习武先习德"，强调习武之人与他人交往时要仁爱、守礼、忠诚、谦让，要求习武之人不仅要尊师敬长，对朋友、同仁也要相互尊重。即使进行武艺比较，也要点到为止，以交流和提高技艺为目的。抱拳礼、器械礼仪、武术教学礼仪等都规范了习武人的行为举止，要与人为善，守信重诺。"言必行，行必果"，不失信于人，是自古以来许多习武之人践行的准则。即使今天，培养守信重诺精神仍值得提倡，我们现在的社会依然是呼唤诚信的社会。武术教学时注重武德礼仪教育，对于增强青少年的社会责任感具有积极的作用。

三 持之以恒，磨炼意志

自强不息是中华民族的精神气质。习练武术、掌握专业技能绝不是一朝一夕所能完成的，无论是由低到高、由易到难的基本功修炼过程，还是闪展腾挪、起伏转折、气势磅礴的套路演练，以及学以致用的攻防配合练习，都需要一个坚持不懈的学练过程。"冬练三九、夏练三伏""台上一分钟，台下十年功""十年磨一剑"都是对习武者自强不息、勤学苦练过程的真实写照。通过长期的学练，无论是对一个难度动作的攻克，还是一次比赛的获胜，都能让学生体会战胜困难获得成功的喜悦；通过攻防配合提高技击技能，能够培养学生团队合作的精神；面对赛场上不可避免的失败，永不放弃，从头再来，能够培养学生抗挫折的能力；面对伤痛，不屈不挠，能够培养战胜自我的拼搏精神；在潜移默化的学练过程中，学生敢于直面挑战，能够磨炼坚强的意志品质。

第二章│武术的模块设计

　　武术课程划分为六个模块，每个模块包含知识、技术、体能和心智能力等内容。每个模块根据内容难度、动作数量又划分为若干个单元。每个单元按照学、练、赛、评一体化组织教学。

第一节　武术模块划分的缘由

　　基于武术课程一体化的总体设计，根据武术概念的内涵和外延，本教程以技击方法为基本内容，以武术的三种运动形式为主线进行武术课程的设计，将武术基本功法、武术套路、格斗技术相融合，设计出六大模块，其中，模块一、模块二为夯实基础期，模块三、模块四为提高能力期，模块五、模块六为发展特长期。模块主要依据武术技能学习内容的纵向衔接来划分，像接链条一样将各个学段的武术基本功法、武术套路、格斗技术内容衔接起来，从武术动作的数量、难易程度、技术元素等方面逐渐增加，解决过去课程存在的蜻蜓点水、浅尝辄止的问题。纵向衔接是一种螺旋式进阶，是内容在不同学段有机自然过渡，也是按照发展规律从简单到复杂、从初级到高级逐步熟练与完善的过程。课程内容的衔接既体现在上下学段之间，也体现在上下年级之间。课程内容类型、难度和进度基于学生的发展特点、规律和需求而定，真正实现了一体化武术课程服务学生发展的功能。武术课程的模块划分还与大学、中学、小学各个学段紧密结合，使模块化的教学具有可操作性，使一体化课程能够得以实施。不同模块的划分使学生对武术的初步认知、武术技术的学习、武术技术能力的提升、武术运动能力的深化和拓展以及鉴赏和竞赛能力运用等方面呈现层层递进的特点。每个模块的学习都有与之对应的运动能力评价标准，并从知识技能学习、体能素质锻炼和情感品格培养三个维度划分。

第二节 武术模块目标的设置

武术课程各个模块目标设置从知识技能学习、体能素质锻炼、情感品格培养三个维度来确定，每个模块目标在进阶时又有递进的体现。

表1-2-1 武术模块目标一览表

模块系列	模块目标
模块一	1. 能掌握武术基本手型、手法、步型、步法。 2. 通过武术基本功法学习，体能有所提升。 3. 接受武术素养教育，感知武德与武术礼仪，初步形成规矩意识和尊重对手的意识。
模块二	1. 能认识和了解武术的特点，掌握武术基本功和段位制长拳一段的基本技术，初步感知武术的攻防含义。 2. 在逐步提高身体素质的基础上，发展武术专项身体素质。 3. 进一步强化学生对武德礼仪和规矩意识的理解，感悟持之以恒、勤学苦练的精神，形成良好的合作意识。
模块三	1. 能了解武术套路运动的基本知识，掌握段位制长拳二段、接触性拍挡防守的基本技术，具有一定的攻防配合能力。 2. 通过身体素质和专项身体素质的练习，提高灵活性和快速反应能力。 3. 能树立自信心，具有竞争意识、自主学习意识和坚韧不拔的意志品质。
模块四	1. 能理解武术的育人价值，掌握段位制长拳三段、太极拳、鞭腿和非接触性防守的基本技术，能体现手、眼、身法、步及攻防意识的协调配合，具有基本的武术专项运动能力。 2. 通过直摆性腿法、太极拳手法等专项身体素质练习，增强灵活性和协调能力。 3. 能深刻认识和理解武德与武术礼仪，具有发现、分析问题和自我评价的能力，具备勇猛顽强的拼搏精神。
模块五	1. 能了解武术拳种的基本知识，掌握初级长拳三路、太极推手、地域拳种的基本技术，提升武术套路学、练及拳法组合的攻防运用等专项运动能力。 2. 通过桩功、完整套路演练和拳法组合格斗技术练习，提升学生柔韧性、力量、耐力、灵敏度素质，增强肌肉控制力。 3. 意志力、专注力和自信心得到增强，具有勇于挑战自我、积极调控情绪、主动解决问题的能力。
模块六	1. 能了解武术竞赛的基本知识，明确武术器械的分类，掌握初级刀术、初级剑术套路的基本技术和拳腿组合格斗技术，具备武术鉴赏、自学及套路创编的能力。 2. 通过控腿、持械、套路和格斗练习，提高柔韧性、速度、力量、耐力、灵敏度素质，增强平衡能力、预判和反应能力。 3. 具备勇于创新和团结协作的能力，注重自身武德修养。

第三节　武术模块内容与实施

　　模块一内容以武术最基本的知识和技术为主，初步认识武德与武术礼仪，初步具备武术素养。模块二内容主要包括武术基本功和段位制长拳一段的基本技术，初步感知武术的攻防含义。模块三内容主要包括武术基本功、段位制长拳二段和接触性拍挡防守的基本技术。模块四内容主要包括段位制长拳三段单练和对打套路、八法五步太极拳、非接触性防守的基本技术。模块五内容主要包括完整套路的演练技巧、方法、风格、节奏，以及动作的攻防运用方法。模块六内容包括短器械的运用方法和独立完成初级刀术或初级剑术的整套练习。

表1-2-2 武术模块内容与实施一览表

| 模块与单元 | | 学 | | 练 | 赛 | 评 |
模块	单元数量	知识	技术	主要练习方法	教学比赛方法	学业要求
模块一	4	武德与武术礼仪知识；武术基本功法知识；基本动作的要领和组合动作的要领；武术长拳套路的基本架构	基本手型、手法、步型、步法、腰功、臂功、抱拳礼、正压腿、正踢腿、弹腿、掌勾手型变换、弓步—马步步型转换、五步拳	1. 抱拳礼比范儿 2. 一支笔体悟拳掌勾 3. 10秒冲拳、推掌 4. 一根绳量弓步、马步 5. 拳掌勾手型变换 6. 弓步—马步步型转换 7. 穿掌击破 8. 弹腿击物 9. 歇步推手 10. 步法的随机应变 11. 弹腿冲拳—歇步冲拳 12. 提膝穿掌—仆步穿掌 13. 亮掌最有范儿 14. 虚步铁板凳 15. 虚步亮掌 16. 并步抱拳、亮掌面面评 17. 弓步、马步冲拳打靶 18. 弓步冲拳—弹腿冲拳 19. 左弓步搂手冲拳 20. 弹踢冲拳冲拳 21. 马步架打 22. 歇步盖冲拳 23. 提膝穿掌 24. 五步拳整套练习	1. 弓步接力 2. 20秒冲拳击物 3. 弓步、马步平衡赛 4. 拳掌勾攻防创编赛 5. 俯腰运球比赛 6. 穿掌击破比赛 7. 仆步、歇步推手比赛 8. 提膝穿掌 9. 仆步穿梭 10. 提膝穿掌—仆步穿掌—虚步挑掌 11. 站式五步拳 12. 标准五步拳	接受武术素养教育，对武德与武术礼仪有初步的认识，掌握武术基本手型、手法、步型、步法，初步形成规矩意识和尊重对手意识

续表

模块与单元		学		练	赛	评
模块	单元数量	知识	技术	主要练习方法	教学比赛方法	学业要求
模块二	4	武术的特点；武术基本功动作要领、段位制长拳一段单练、对打套路，拆练、对打套路，拆招动作和接触性格挡防守的动作要领	握棍转肩、蹬腿、摆拳、下腰、并步抱拳一弓步冲拳一马步格挡一弓步劈掌，接触性格挡防守、段前级健身拳操、段位制长拳一段单练、段位制长拳一段对打套路	1. 劈掌架掌对练 2. 控腰摸纸 3. 近而不碰 4. 坐式侧压 5. 健身拳操分解整合练习 6. 跟随音乐练习 7. 20秒甩腰 8. 下腰 9. 蹬腿 10. 段前级健身拳操演练 11. 单拍脚 12. 段位制长拳一段组合练习 13. 段位制长拳一段单练整套动作 14. 弓步劈掌 15. 跟步冲拳 16. 弓步双握掌 17. 弓步闪身 18. 接触性格挡防守 19. 丁步勾手一虚步推掌 20. 弓步劈掌一跟步冲拳 21. 马步格挡一弓步冲拳	1. 看谁反应快 2. 你改我挡 3. 极限触摸 4. 20秒甩腰手触物体 5. 下腰行走 6. 20秒蹬腿 7. 单拍脚比数 8. 段位制长拳一段单练套路 9. 打沙袋 10. 格挡之王 11. 段位制长拳一段攻防创编赛	能掌握武术基本功、段位制长拳一段、接触性格挡防守的基本技术，初步感知武术的攻防含义，感悟持之以恒、勤学苦练的精神

续表

模块与单元		学		练	赛	评
模块	单元数量	知识	技术	主要练习方法	教学比赛方法	学业要求
模块三	4	武术套路运动的基本知识；屈伸性腿法及平衡动作的动作要领；段位制长拳二段单练套路的动作名称、规格、劲力及节奏，段位制长拳二段对打套路、接触性拍挡拆招，接触防守的动作要领	侧踹、提膝独立、左右仆步抡拍、腾空飞脚、蹬腿、鞭腿一侧踹组合、搂手勾踢、接弓步反劈拳组合，段位制长拳二段单练套路、段位制长拳二段对打套路和拆招	1. 鞭腿、侧踹 2. 站如松 3. 仆步抡拍 4. 鞭腿一侧踹组合 5. 右抡臂击掌 6. 10秒左俯身举放球 7. 换步拍脚 8. 抚杠上摆腿 9. 勾踢腿 10. 行进间腾空飞脚 11. 丁步 12. 拉动弹力绳体悟反劈拳 13. 10秒蹬腿一侧踹组合 14. 段位制长拳二段单练套路组合 15. 勾踢拆招 16. 侧踹拆招 17. 蹬腿拆招 18. 接触性拍挡防守 19. 段位制长拳二段对打套路起势 20. 甲弓步劈掌、乙弓步架拳 21. 甲马步架冲拳、乙马步按掌 22. 乙搂手勾踢、甲提膝亮掌 23. 乙弓步反劈拳、甲弓步架掌	1. 10秒鞭腿一侧踹击物 2. 纹丝不动 3. 仆步抡拍 4. 鞭腿一侧踹攻防创编赛 5. 摆腿提膝纵跳高 6. 侧手翻翻高 7. 弓步、仆步变换抢抱 8. 左右丁步交换跳 9. 比一比蹬腿一侧踹的准确度 10. 比一比蹬腿一侧踹谁踢得更准 11. 段位制长拳二段单练套路 12. 段位制长拳二段对打套路 13. 段位制长拳二段拆招	初步掌握武术基本功、屈伸性腿法、平衡动作，段位制长拳二段、接触防守的基本技术，具有一定的攻防配合能力，具有拍挡困难，克服困难、坚韧不拔的意志品质

续表

模块与单元		学		练	赛	评
模块	单元数量	知识	技术	主要练习方法	教学比赛方法	学业要求
模块四	3	武术的育人价值；段位制长拳三段技术、太极拳、非接触性防守的动作要领	直摆性腿法、段位制长拳三段单练、对打套路和拆招、八法五步太极拳、鞭腿和非接触性防守	1. 里合腿、外摆腿过障碍物 2. 旋风脚 3. 插步翻腰 4. 抱拳弹踢—金丝缠腕—马步冲拳 5. 右弓步抄拳—翻腰提膝推掌—旋风脚—马步 6. 插步推掌—翻身跳按掌 7. 单拍脚—仆步抡拍—抡臂砸拳 8. 跳转横击掌 9. 缠腕拆招 10. 歇步冲拳—右弓步格挡—马步切掌—右弓步冲拳 11. 震脚弓步双推掌—弓步架掌—弓步推掌 12. 弓步推掌—跳转横击掌—腾空飞脚—右弓步冲拳 13. 揽雀尾 14. 推手 15. 鞭腿 16. 非触性防守：侧闪、跳步躲闪 17. 段位制长拳三段单练套路 18. 段位制长拳三段对打套路	1. 里合腿比速度 2. 右弓步抄拳—翻腰提膝推掌—旋风脚—马步 3. 拦腰截断 4. 弓步推掌—跳转横击掌—腾空飞脚—右弓步冲拳 5. 鞭腿比赛 6. 段位制长拳三段单练、对打比赛 7. 八法五步太极拳	熟练掌握段位制长拳三段、八法五步太极拳、鞭腿和非接触性防守的技术，体现手、眼、身法、步及攻防意识的协调配合，具有武术专项运动技能，分析问题和自我评价的能力，具有勇猛顽强的拼搏精神

续表

模块与单元		学		练	赛	评
模块	单元数量	知识	技术	主要练习方法	教学比赛方法	学业要求
模块五	3	武术拳种的基本知识; 初级长拳三路、二十四式太极拳、太极推手、拳法组合格斗技术的动作要领	扫转性腿法、长拳和大极拳基本动作与组合动作、初级长拳三路、二十四式太极拳、太极推手、地域拳种、大极拳法组合格斗推手、拳法组合格斗技术	1. 前扫腿 2. 桩功练习 3. 野马分鬃 4. 搂膝拗步 5. 倒卷肱 6. 弹腿冲拳—大跃步前穿—弓步击掌 7. 弓步击掌—转身踢腿—马步盘肘 8. 左右野马分鬃—白鹤亮翅—左右搂膝拗步 9. 左右倒卷肱—左揽雀尾—右揽雀尾 10. 双峰贯耳 11. 搬拦捶 12. 仆步亮掌—弓步劈拳—换跳步弓步冲拳—马步冲拳—弓步下冲拳 13. 弓步顶肘左拍脚—右拍脚—转身左蹬脚—腾空飞脚—歇步下冲拳 14. 右蹬脚—双峰贯耳—转身左蹬脚—左下势独立—右下势独立 15. 海底针—闪通臂—转身搬拦捶 16. 野马分鬃推手 17. 拳法组合 18. 初级长拳三路动作演练 19. 二十四式太极拳动作演练	1. 看谁画得圆 2. 定海神针 3. 弹腿冲拳—大跃步前穿—弓步击掌 4. 太极拳创编赛 5. 双峰贯耳 6. 搬拦捶 7. 右蹬脚—双峰贯耳—转身左蹬脚—左下势独立—右下势独立 8. 仆步亮掌—弓步冲拳—马步冲拳 9. 初级长拳三路 10. 二十四式太极拳 11. 拳法组合打靶	正确认知和把握完整套路的演练技巧、方法、风格、节奏; 提高拳法组合的攻防运用能力, 提升武术专项运动能力, 增强意志力、专注力、自信心和竞赛意识, 积极调控情绪, 主动解决问题的能力

续表

模块与单元		学		练	赛	评
模块	单元数量	知识	技术	主要练习方法	教学比赛方法	学业要求
模块六	4	武术竞赛组织、武术鉴赏的基本知识；拳术组合、大极推手、短器械技术、拳腿组合格斗技术的动作要领	第一套国际武术竞赛套路长拳、四十二式太极拳、地域拳种、初级刀术、初级剑、拳腿组合格斗技术	1. 腾空摆莲 2. 旋子 3. 侧身举腿平衡 4. 并步砸拳—上步拍脚—提膝冲拳—腾空转身摆莲—上步弹踢—侧身举腿平衡 5. 抡臂砸拳—提膝抄拳—垫步旋子—上步拍脚—弓步撩掌 6. 撤身捶—将挤势—进步搬拦捶—如封似闭 7. 玉女穿梭—右左蹬脚—掩手肱捶—野马分鬃 8. 玉女穿梭推手 9. 如封似闭推手 10. 单鞭推手 11. 第一套国际武术竞赛套路长拳演练 12. 四十二式太极拳套路动作演练 13. 撩刀 14. 劈刀 15. 砍刀 16. 挂刀 17. 缠头裹脑刀 18. 劈剑 19. 点剑、崩剑 20. 刺剑	1. 连续旋子比赛 2. 并步砸拳—上步拍脚—提膝冲拳—腾空转身摆莲—上步弹踢—侧身举腿平衡 3. 玉女穿梭—右左蹬脚—掩手肱捶—野马分鬃 4. 右分脚比赛 5. 第一套国际武术竞赛套路长拳 6. 四十二式太极拳 7. 30秒缠头裹脑花—点剑 8. 30秒剪腕花—点剑 9. 提膝带刀—弓步平斩—仆步带刀—敏步下砍 10. 初级刀术、初级剑术套路比赛 11. 拳腿组合打靶	熟练掌握拳腿组合，第一套国际武术竞赛套路长拳、四十二式太极拳、初级刀术、初级剑术；具备武术自学、套路创编的能力以及勇于创新和团结协作的能力，注重武德修养

续表

模块与单元		学		练	赛	评
模块	单元数量	知识	技术	主要练习方法	教学比赛方法	学业要求
模块六				21. 剪腕花 22. 提膝缠头—弓步平斩—仆步带刀—歇步下砍 23. 弓步撩刀—插步反撩—转身挂劈—仆步下砍 24. 弓步平抹—弓步左撩—提膝平斩—回身下刺—挂剑直刺 25. 虚步平劈—弓步下劈—带剑前点—提膝下截—提膝直刺 26. 舞花刀 27. 原地快速冲拳 28. 原地蹬踢 29. 初级刀术组合动作演练 30. 初级剑术组合动作演练 31. 拳腿组合：前低鞭腿—后直拳—前摆拳 32. 拳腿组合：前摆拳—后直拳—后鞭腿		

第三章 | 武术的单元设计

武术六个模块共划分22个单元。本章主要介绍武术单元划分的依据，从知识技能学习、体能素质锻炼、情感品格培养三个维度确定每个单元的学习目标，以及从学、练、赛、评四个方面设计单元的学习内容和实施方法。

第一节 武术单元划分的依据

每个模块的单元划分遵循三个依据：第一，以武术技术动作为主线，主要依据武术套路、武术格斗、武术功法三个方面的主要内容，按照动作数量的递增，动作复杂程度由简到繁，动作难度由易到难的原则进行划分；第二，以体能素质的提升为主线，主要依据速度、力量、耐力、灵敏度、柔韧性等的发展规律，结合学生的生长发育特点进行划分；第三，以情感培养的递进关系为主线，主要以规矩意识、意志品质、团队合作精神、勇于探索等方面层层递进为原则进行划分。

第二节 武术单元目标的设置

单元目标是依据知识技能学习目标、体能素质锻炼目标、情感品格培养目标三个维度，按照小学、中学、大学各学段学生的身心发育规律，将武术的理论知识、武术技能的内容和素质提高、情感培养充分融合在一起，让学生分阶段学习和掌握而确定的。具体目标见下页表。

表1-3-1　武术单元目标一览表

模块	单元	单元目标
模块一	单元一	1. 知识技能学习目标 通过学习，学生能初步了解武术礼仪，基本掌握手型、手法、步型、步法姿态要求，以及肩腰腿的练习方法，形成一定的动作表象。 2. 体能素质锻炼目标 通过压腿、步型转换等素质练习，发展柔韧性、力量素质，增强肌肉本体感觉。 3. 情感品格培养目标 通过学、练、赛，学生能感知武德与武术礼仪，初步形成规矩意识。
	单元二	1. 知识技能学习目标 通过学习，学生能理解武术礼仪，基本掌握手型、手法、步型、步法的动作要领，学会腰腿等部位基本功的主要练习方法。 2. 体能素质锻炼目标 通过步法变换、弹腿击物等素质练习，发展下肢柔韧性和肌肉控制能力，锻炼上下肢协调配合能力。 3. 情感品格培养目标 通过学、练、赛，培养坚强的意志品质。
	单元三	1. 知识技能学习目标 通过学习，学生能掌握手型、手法、步型、步法的姿态要求，以及虚步亮掌和组合动作技术。 2. 体能素质锻炼目标 通过素质练习，发展柔韧性、力量素质，增强肌肉本体感觉，提升对动作的控制能力。 3. 情感品格培养目标 通过学、练、赛，学生接受武术素养教育，形成尊重对手的意识。
	单元四	1. 知识技能学习目标 通过学习，学生能了解武术长拳套路的基本架构，掌握五步拳动作名称、顺序和动作要领，感悟五步拳的攻防含义。 2. 体能素质锻炼目标 通过素质练习，发展柔韧性、速度、协调性等素质，增强肌肉、韧带的伸展性和灵活性，提升对肢体的控制能力。 3. 情感品格培养目标 通过学、练、赛，形成合作意识，培养勇猛顽强的品质，具备一定的武术素养。
模块二	单元一	1. 知识技能学习目标 通过学习，学生能认识和了解武术的特点，熟练掌握手型、手法、步型、步法姿态要求，以及肩腰腿的练习方法，形成一定的动作表象，初步具备对武术空间方位的认知感。 2. 体能素质锻炼目标 通过握棍转肩、控腰、侧压腿等专项身体素质的练习，发展柔韧性、力量素质，增强肌肉本体感觉。

续表

模块	单元	单元目标
模块二	单元一	3. 情感品格培养目标 通过学、练、赛，学生能感知武术的育人价值，磨炼坚强的意志品质。
	单元二	1. 知识技能学习目标 通过学习，学生能理解武术礼仪，掌握甩腰、下腰、蹬腿及段前级健身拳操技术，增强手法变换和步法转换的能力。 2. 体能素质锻炼目标 通过腰功、腿功等专项身体素质的练习，发展柔韧性、力量素质，增强肌肉本体感觉，提升随机应变能力。 3. 情感品格培养目标 通过学、练、赛，学生能感悟持之以恒、勤学苦练的精神。
	单元三	1. 知识技能学习目标 通过学习，学生能独立演练段位制长拳一段单练套路，了解动作的攻防含义，掌握单拍脚和长拳套路的动作要领。 2. 体能素质锻炼目标 通过单拍脚、段位制长拳一段单练套路的练习，发展柔韧性、力量、速度素质，增强肌肉本体感觉。 3. 情感品格培养目标 通过学、练、赛，学生进一步强化了对武德礼仪和规矩意识的理解。
	单元四	1. 知识技能学习目标 通过学习，学生能熟练掌握段位制长拳一段对打套路、摆拳和接触性格挡防守的动作要领，体会攻防含义和运用方法。 2. 体能素质锻炼目标 通过素质练习，发展反应、灵敏度、力量等身体素质，增强肌肉本体感觉。 3. 情感品格培养目标 通过学、练、赛，学生能感悟合作的重要性，增强良好的合作意识。
模块三	单元一	1. 知识技能学习目标 通过学习，学生能了解武术的发展历程，掌握侧踹、鞭腿、提膝独立及仆步抡拍的动作要领，体悟动作的攻防内涵。 2. 体能素质锻炼目标 通过素质练习，发展协调性、柔韧性、灵敏素质，提升对肢体的控制能力。 3. 情感品格培养目标 通过学、练、赛，学生能树立自信心，具有团队合作精神和竞争意识。
	单元二	1. 知识技能学习目标 通过学习，学生能了解武术套路的基本知识，掌握腾空飞脚、侧手翻、跃步劈掌、搂手勾踢的基本技术。 2. 体能素质锻炼目标 通过抡臂、冲拳、拍脚以及踢腿等专项身体素质的练习，发展协调性、柔韧性、灵敏素质。

续表

模块	单元	单元目标
模块三	单元二	3. 情感品格培养目标 通过学、练、赛，学生具有勇猛顽强的意志品质。
	单元三	1. 知识技能学习目标 通过学习，学生能了解武术长拳的基本特点，掌握段位制长拳二段单练套路的基本技术，具有一定的攻防配合意识。 2. 体能素质锻炼目标 通过专项身体素质的练习，发展柔韧性、力量、速度素质，提高灵活性和反应能力。 3. 情感品格培养目标 通过学、练、赛，学生具有自主学习意识和坚韧不拔的意志品质。
	单元四	1. 知识技能学习目标 通过学习，学生能了解武术防身健体的价值，熟练掌握段位制长拳二段对打套路、拆招技术，具备一定的攻防配合能力。 2. 体能素质锻炼目标 通过段位制长拳二段对打练习，提高身体的灵活性和快速反应能力。 3. 情感品格培养目标 通过学、练、赛，学生能在合作探究过程中学会处理竞争与合作的关系，表现出良好的武德。
模块四	单元一	1. 知识技能学习目标 通过学习，学生能理解武术的育人价值，掌握组合动作衔接的节奏、速度和力度的变化原理，形成各自的演练风格。 2. 身体素质锻炼目标 通过直摆性腿法组合练习，提高柔韧性素质，提升髋关节的灵活性。 3. 情感品格培养目标 通过学、练、赛，学生能深刻认识和理解武德与武术礼仪，具有不畏困难、勇于拼搏的精神。
	单元二	1. 知识技能学习目标 通过学习，学生能掌握段位制长拳三段组合动作的名称、规格、劲力、节奏及拆招技术，体现手、眼、身法、步及攻防意识的协调配合。 2. 体能素质锻炼目标 通过素质练习，发展弹跳、力量素质，增强协调能力。 3. 情感品格培养目标 通过学、练、赛，学生具备发现、分析问题的能力以及自我评价的能力。
	单元三	1. 知识技能学习目标 通过学习，学生能了解武术不同拳种的特点，初步掌握太极拳基本技术，熟练掌握段位制长拳三段的单练和对打套路技术，提高鞭腿的攻防运用能力以及非接触性防守能力，具备基本的武术专项运动能力。 2. 身体素质锻炼目标 通过太极拳基本手法、鞭腿等专项身体素质的练习，发展灵敏、速度素质，增

模块	单元	单元目标
模块四	单元三	强灵活性和协调能力。 3. 情感品格培养目标 通过学、练、赛，学生具有独立思考的能力，能够感悟自强不息的武术精神。
模块五	单元一	1. 知识技能学习目标 通过学习，学生能初步掌握长拳和太极拳的基本功法、组合动作技术，能正确认识、区分和把握不同拳种的风格特点与本体感受，了解太极拳蕴含的阴阳哲学，形成一定的动觉表象。 2. 体能素质锻炼目标 通过桩功、太极拳基本功法等专项身体素质的练习，发展柔韧性、力量、耐力素质，增强肌肉本体感觉，提升肢体控制能力。 3. 情感品格培养目标 通过学、练、赛，学生能培养合作意识、竞争意识，尊重意识，具有一定的情绪调控能力，提升发现问题和分析问题的能力。
	单元二	1. 知识技能学习目标 通过学习，学生能掌握太极拳基本技术、长拳和太极拳组合动作以及太极推手格斗技术，正确认识、区分和把握太极拳慢练快用、后发先至的主要技击理念，形成一定的动觉表象，面对进攻能够做出合理有效的防守反应。 2. 体能素质锻炼目标 通过太极拳基本动作及太极推手技术等专项身体素质的练习，发展柔韧性、力量、耐力、灵敏素质，增强不同速度下的肢体控制能力。 3. 情感品格培养目标 通过学、练、赛，学生能形成正确的合作意识、竞争意识、尊重意识，提升发现问题、分析问题和解决问题的能力。
	单元三	1. 知识技能学习目标 通过学习，学生能熟练掌握初级长拳三路、二十四式太极拳、地域拳种及格斗技术，正确认识和把握完整套路的演练技巧、方法、风格、节奏，以及技击理念的表达方法和意识。 2. 体能素质锻炼目标 通过完整套路演练和拳法组合格斗技术练习，提升柔韧性、力量、耐力、灵敏素质，增强肌肉控制力。 3. 情感品格培养目标 通过学、练、赛，学生能增强意志力、专注力和自信心，具有勇于挑战自我、积极调控情绪、主动解决问题的能力。
模块六	单元一	1. 知识技能学习目标 通过学习，学生能了解武术竞赛规则及武术鉴赏知识，形成拳术组合演练风格，具备自学、自练的能力。 2. 体能素质锻炼目标 通过控腿及跳跃动作等专项身体素质的练习，提升弹跳、力量素质，增强平衡能力。

模块	单元	单元目标
模块六	单元一	3. 情感品格培养目标 通过贯串始终的武德与武术礼仪学习，学生能形成自觉的行为规范和创新意识，具备克服困难、坚持不懈的意志品质。
	单元二	1. 知识技能学习目标 通过学习，学生能熟练掌握第一套国际武术竞赛套路长拳、四十二式太极拳、地域拳种及太极推手技术，正确把握完整套路的演练技巧、方法、风格和节奏，提升攻防运用能力。 2. 体能素质锻炼目标 通过右分脚、太极推手技术等专项身体素质练习，提升柔韧性、力量、耐力、灵敏素质，增强上下肢的协调配合能力。 3. 情感品格培养目标 通过学、练、赛，学生能培养创新意识，强化发现问题、分析问题和解决问题的能力。
	单元三	1. 知识技能学习目标 通过学习，学生能了解武术器械的分类和演练风格，掌握刀术、剑术的基本技术，具备武术自学和创编套路的能力。 2. 体能素质锻炼目标 通过上肢的持械练习，提升灵敏性、力量素质，增强身体协调能力。 3. 情感品格培养目标 通过学、练、赛，学生能具备勇于创新和团结协作的精神。
	单元四	1. 知识技能学习目标 通过学习，学生能初步掌握武术竞赛组织的方法，熟练掌握初级刀术、初级剑术套路和拳腿组合动作技术，正确把握套路的演练风格和攻防技术的实践运用，具备武术竞赛组织和武术鉴赏能力。 2. 体能素质锻炼目标 通过套路和格斗技术练习，提升速度、力量、耐力、灵敏度，增强预判和反应能力。 3. 情感品格培养目标 通过学、练、赛，学生能具备良好的团队合作能力和解决问题的能力。

第三节 武术单元内容与实施

武术课程体系的六个模块又划分为若干个单元，每个单元有具体的课时建议。要按照"以学定教"的观念，根据武术技术的脉络、难易程度和学习规律，确定学习内容。重点围绕学动作、练技能、赛成绩、评效果一体化的思路对各单元武术教学内容进行整体规划，为教师提供学、练、赛、评的具体教学设计思路和实施建议。

表1-3-2　武术单元内容与实施一览表

单元与课时			学		练	赛	评
模块	单元	课时	知识	技术	主要练习方法	教学比赛方法	学业要求
模块一	单元一	12	学习武术概念、武德与武术礼仪；学习武术基本功法知识	一、基本功 1. 手型：拳、掌、勾 2. 手法：冲拳、推掌 3. 步型：弓步、马步 4. 步法：并步、开步 5. 腿功：正压腿、正踢腿、弹腿 6. 腰功：仰卧成桥 7. 臂功：压肩、单臂绕环、双臂绕环 二、套路 1. 基本动作：抱拳礼 2. 组合动作： ①拳掌勾手型变换 ②弓步—马步步型转换	1. 抱拳礼比范儿 2. 一支笔悟拳掌勾 3. 10秒冲拳、推掌 4. 一根绳量弓步、马步 5. 拳掌勾手型变换 6. 弓步—马步步型转换	1. 弓步接力 2. 20秒冲拳击标物 3. 弓步、马步平衡赛 4. 拳掌勾攻防创编赛	了解基本的武术礼仪，掌握手型、手法、步型、步法姿态要求，以及肩腰腿的练习方法；发展柔韧性，力量素质；初步形成规矩意识
	单元二	8	学习武术礼仪，了解肩腰腿等部位基本功的主要练习方法	一、基本功 1. 手法：穿掌 2. 步型：仆步、歇步 3. 步法：上步、退步 4. 腰功：前俯腰、侧俯腰 5. 腿功：仆步压腿 二、套路基本动作 1. 弹腿冲拳　2. 歇步冲拳 3. 提膝穿掌　4. 仆步穿掌	1. 穿掌击破 2. 弹腿击标物 3. 歇步推手 4. 步法的随机应变 5. 弹腿冲拳—歇步冲拳 6. 提膝穿掌—仆步穿掌	1. 俯腰运球比赛 2. 穿掌击破比赛 3. 仆步、歇步推手比赛	能理解武术礼仪，基本掌握手型、手法、步型、步法的动作要领、学会肩腰腿等部位基本功的主要练习方法；发展柔韧性和肌肉控制力，培养坚强的意志品质

续表

模块	单元	课时	学 知识	学 技术	练 主要练习方法	教学比赛方法	评 学业要求
模块一	单元三	6	学习手型、手法、步法，以及组合动作的姿态要求，掌握虚步亮掌和组合动作的技术	一、基本功 1. 手法：亮掌 2. 步型：虚步 二、套路 1. 基本动作：虚步亮掌 2. 组合动作：①并步抱拳—弓步冲拳—弹腿冲拳—马步架打 ②歇步冲拳—提膝穿掌 ③仆步穿掌—虚步挑掌—并步抱拳	1. 亮掌最有范儿 2. 虚步快板凳 3. 虚步亮掌 4. 并步抱拳、亮掌面面评 5. 弓步、马步冲拳打靶 6. 弓步冲拳—弹腿冲拳	1. 提膝穿掌 2. 仆步穿梭 3. 提膝穿掌—虚步 仆步穿掌—虚步挑掌	学生能熟练掌握虚步亮掌和组合动作的技术，发展柔韧性、力量素质；形成尊重对手的意识
	单元四	6	了解武术套路的基本架构，掌握五步拳动作要领	套路：五步拳	1. 左弓步搂手冲拳 2. 弹踢冲拳打靶 3. 马步架打 4. 歇步盖冲拳 5. 提膝穿掌 6. 五步拳整套练习	1. 站式五步拳 2. 标准五步拳	学生掌握五步拳动作名称、顺序和要领，感悟动作的攻防含义；发展柔韧性、速度、协调性等素质，形成合作意识，具备一定的武术素养

续表

模块	单元与课时			学		练	赛	评
	单元	课时	知识	技术	主要练习方法	教学比赛方法	学业要求
模块二	单元一	8	认识和了解武术的特点；掌握武术基本功动作要领	一、基本功 1. 手法：劈拳、贯拳、劈掌、架掌 2. 步法：插步、盖步 3. 臂功：摇棍转肩、交叉绕环 4. 腰功：控腰 5. 腿功：侧压腿、侧踢腿 二、套路 段前级一级健身拳操	1. 劈掌架掌对练 2. 控腰摸纸 3. 近而不碰 4. 坐式侧压 5. 健身拳操分解整合练习 6. 跟随音乐练习	1. 看谁反应快 2. 你改我挡 3. 极限触摸	初步掌握武术基本功和基本动作；发展柔韧性、力量等素质，提升对肢体的控制能力；磨炼坚强坚的意志品质
	单元二	8	理解和掌握武术礼仪；掌握腿法的动作要领及其与手法、身法、步法的协调配合	一、基本功 1. 腰功：甩腰、下腰 2. 腿功：蹬腿 二、套路 1. 段前级二级健身拳操 2. 段前级三级健身拳操	1. 20秒甩腰 2. 下腰 3. 蹬腿 4. 段前级健身拳操演练	1. 20秒甩腰手触物体 2. 下腰行走 3. 20秒蹬腿	掌握甩腰、下腰、蹬腿及段前级健身拳操技术，增强手法交换和步法转换的能力；发展柔韧性、力量素质，提升对肢体的控制能力；培养持之以恒、勤学苦练的精神
	单元三	8	掌握段位制长拳一段的动作名称、规格、路线及节奏	一、基本功 腿功：单拍脚 二、套路 段位制长拳一段单练套路	1. 单拍脚 2. 段位制长拳一段组合练习 3. 段位制长拳一段单练整套动作	1. 单拍脚比数 2. 段位制长拳一段单练套路	初步掌握单拍脚和段位制长拳一段的动作要领，增加肌肉本体感觉；进一步强化对武德礼仪和规矩意识的理解

续表

单元与课时			学		练	赛	评
模块	单元	课时	知识	技术	主要练习方法	教学比赛方法	学业要求
模块二	单元四	10	掌握段位制长拳一段对打套路，接触性格挡防守的动作要领	一、套路 段位制长拳一段对打套路 二、格斗技术 1. 摆拳 2. 接触性格挡防守	1. 弓步劈掌 2. 跟步冲拳 3. 弓步双架掌 4. 弓步闪身 5. 接触性格挡防守 6. 丁步勾手-虚步推掌 7. 弓步劈掌-跟步冲拳 8. 弓步格挡-弓步冲拳	1. 打沙袋 2. 格斗之王 3. 段位制长拳一段攻防创编赛	熟练掌握段位制长拳一段对打套路、摆拳和接触性格挡防守的基本技术，初步感知动作的攻防含义和运用方法的攻防，增强团结协作能力的意识
模块二	单元一	10	了解武术的发展历程；掌握侧踹、鞭腿、提膝独立及小步抡拍的动作要领	一、基本功 腿功：侧踹、鞭腿 平衡：提膝独立 二、套路 1. 基本动作：小步抡拍 2. 组合动作：鞭腿-侧踹组合	1. 鞭腿、侧踹 2. 站如松 3. 小步抡拍 4. 鞭腿-侧踹组合	1. 10秒左鞭腿一侧踹击物 2. 纹丝不动 3. 小步抡拍 4. 鞭腿-侧踹防创编赛	初步掌握武术侧踹等屈伸性腿法及平衡动作，体悟动作的攻防内涵；发展协调性、柔韧性，灵敏素质，能树立自信心，具有团结合作精神和竞争意识
模块三	单元二	6	了解武术套路运动的基本知识；掌握跳跃动作的动作要领	一、基本功 跳跃：腾空飞脚 侧手翻 二、套路基本动作 1. 跃步劈掌 2. 搂手勾踢	1. 右抡臂击掌 2. 10秒左右附身举放球 3. 换步拍脚 4. 扶杠上摆腿 5. 勾踢腿 6. 行进间腾空飞脚	1. 摆腿提膝纵跳接力 2. 侧手翻跳高 3. 弓步、小步变换抢物	掌握武术跳跃动作和基本组动作技术；发展协调性、柔韧性，灵敏素质，具有勇猛顽强的意志品质

续表

单元与课时			学		练	赛	评
模块	单元	课时	知识	技术	主要练习方法	教学比赛方法	学业要求
模块三	单元三	8	了解武术长拳的特点；掌握组合动作的动作要领，以及段位制长拳二段单练套路的动作名称、规格、劲力及节奏	一、基本功 1. 步型：丁步 2. 手法：反劈拳 二、套路 1. 组合动作 ①搂手勾踢—弓步反劈拳 ②丁步勾手亮掌—抡挂臂—弓步外格—虚步推掌 2. 段位制长拳二段单练套路	1. 丁步 2. 拉动弹力绳悟反劈拳 3. 10秒蹬腿—侧踹组合 4. 段位制长拳二段单练套路	1. 左右丁步交换跳 2. 比一比反劈拳的准确度 3. 比一比蹬腿—侧踹谁踢得更准 4. 段位制长拳二段单练套路	掌握段位制长拳二段单练基本技术与动作要领，具有一定的攻防配合意识；发展柔韧性、力量、速度素质，提高灵活性和反应能力；具有自主学习意识和坚韧不拔的意志品质
	单元四	12	了解武术防身健体的价值；掌握段位制长拳二段对打套路，拆招，接触性拍挡防守的动作要领	一、套路 段位制长拳二段对打套路 二、格斗技术 1. 勾踢拆招 2. 侧踹拆招 3. 蹬腿拆招 4. 直拳 5. 接触性拍挡防守	1. 勾踢拆招 2. 侧踹拆招 3. 蹬腿拆招 4. 接触性拍挡防守 5. 段位制长拳二段对打套路起势 6. 甲跃步劈拳—乙弓步架拳 7. 甲马步架冲拳—乙马步按掌 8. 乙搂手勾踢—甲提膝亮掌 9. 乙弓步反劈拳—甲弓步架掌	1. 段位制长拳二段对打套路 2. 段位制长拳二段拆招	熟练掌握段位制长拳二段对打套路，拆招，接触性拍挡防守技术，能够正确处理竞争与合作的关系，具备良好的武德修养

续表

单元与课时			学		练	赛	评
模块	单元	课时	知识	技术	主要练习方法	教学比赛方法	学业要求
模块四	单元一	12	理解武术的育人价值；掌握里合腿、外摆腿、旋风脚、组合动作的动作要领和练习方法	一、基本功 （一）腿功：里合腿、外摆腿 1. 里合腿、外摆腿 2. 旋风脚 二、跳跃：旋风脚 二、套路 1. 基本动作：抢臂砸拳、插步翻腰 2. 组合动作： ①抱拳弹踢—金丝缠腕—马步冲拳 ②右弓步抄拳—翻腰提膝推掌—旋风脚—马步 ③插步推掌—翻身跳按掌	1. 里合腿、外摆腿过障碍物 2. 旋风脚 3. 插步翻腰 4. 抱拳弹踢—金丝缠腕—马步冲拳 5. 右弓步抄拳—翻腰提膝推掌—旋风脚—马步 6. 插步推掌—翻身跳按掌 7. 单拍脚—一小步抡拍—抡臂砸拳	1. 里合腿比速度 2. 右弓步抄拳—翻腰提膝推掌—马步	掌握里合腿、外摆腿、旋风脚的技术要领和练习方法，掌握组合动作衔接的节奏、速度和力度的变化原理，形成各自的演练风格；提高腿关节灵活性；逐渐养成不畏困难、勇于拼搏的精神
模块四	单元二	16	掌握段位制长拳三段组合动作，拆招的动作要领	一、基本动作：跳转横击掌 二、组合动作 ①歇步冲拳—右弓步格挡—马步切掌—右弓步冲拳 ②震脚马步双推掌—弓步架掌—弓步推掌 ③弓步推掌—跳转横击掌—腾空飞脚—右弓步冲拳 三、格斗技术 1. 缠腕拆招 2. 别肘拆招	1. 跳转横击掌 2. 缠腕拆招 3. 歇步冲拳—右弓步格挡—马步切掌—右弓步冲拳 4. 震脚马步双推掌—弓步架掌—弓步推掌 5. 弓步推掌—跳转横击掌—腾空飞脚—右弓步冲拳	1. 拦腰截断 2. 弓步推掌—跳转横击掌—腾空飞脚—右弓步冲拳	掌握跳转横击掌组合动作，拆招动作的名称、规格、劲力及节奏，体现攻防运用的协调配合；发展弹跳、力量素质；具有发现、分析问题和自我评价的能力

续表

单元与课时			学		练	赛	评
模块	单元	课时	知识	技术	主要练习方法	教学比赛方法	学业要求
模块四	单元三	16	了解不同拳种的特点;掌握太极拳、段位制长拳三段对打套路和拆招、非接触性防守的动作要领	一、基本功 1. 太极拳手法:掤、捋、挤、按 2. 太极拳步法:前进步、后撤步、横开步 二、套路 1. 组合动作:左掤势—双按势—左肘势—右靠势—左捌势—右探势 2. 段位制长拳三段单练、对打套路 3. 八法五步太极拳 三、格斗技术 1. 鞭腿 2. 非接触性防守:侧闪、跳步躲闪	1. 揽雀尾 2. 推手 3. 鞭腿 4. 非接触性防守:侧闪、跳步躲闪 5. 段位制长拳三段单练套路 6. 段位制长拳三段对打套路	1. 鞭腿比赛 2. 段位制长拳三段单练、对打比赛 3. 八法五步太极拳	掌握八法五步太极拳或段位制长拳三段单练和对打套路技术,合理运用鞭腿、非接触性防守技术,具备基本的武术专项运动能力;发展弹跳、力量素质,增强协调能力;具有独立思考的能力,能够感悟自强不息的武术精神

续表

模块	单元与课时		学			练	赛	评
	单元	课时	知识	技术		主要练习方法	教学比赛方法	学业要求
模块五	单元一	18	了解"四击、八法、十二型"的基本知识；掌握长拳和太极拳基本技术	一、基本功 1. 腿功：前扫腿、后扫腿 2. 太极拳桩功：无极桩、升降桩 二、套路 1. 基本动作：野马分鬃、搂膝拗步、倒卷肱 2. 组合动作： ①弹腿冲拳—大跃步前穿—弓步击掌 ②弓步击掌—转身踢腿—马步盘肘 ③左右野马分鬃—白鹤亮翅—左右搂膝拗步 ④左右倒卷肱—左揽雀尾—右揽雀尾		1. 前扫腿 2. 桩功练习 3. 野马分鬃 4. 搂膝拗步 5. 倒卷肱 6. 弹腿冲拳—大跃步前穿—弓步击掌 7. 弓步击掌—转身踢腿—马步盘肘 8. 左右野马分鬃—白鹤亮翅—左右搂膝拗步 9. 左右倒卷肱—左揽雀尾—右揽雀尾	1. 看准画得圆 2. 定海神针 3. 弹腿冲拳—大跃步前穿—弓步击掌 4. 太极拳创编赛	掌握长拳和太极拳基本功法、组合动作技术；发展柔韧性、力量、耐力素质，增强肌肉本体感觉；培养竞争意识、尊重意识，具有一定的情绪调控能力

续表

单元与课时			学		练	赛	评
模块	单元	课时	知识	技术	主要练习方法	教学比赛方法	学业要求
模块五	单元二	18	了解长拳、太极拳组合动作的特点和不同的演练风格，掌握太极推手的基本技术	一、套路 1. 基本动作：双峰贯耳、搬拦捶 2. 组合动作： ①仆步亮掌—弓步劈拳—换跳步弓步冲拳—马步冲拳—弓步下冲拳 ②弓步顶肘—转身左拍脚—右拍脚—腾空飞脚—歇步下冲拳 ③右蹬脚—双峰贯耳—转身左蹬脚—左下势独立—右下势独立 ④海底针—闪通臂—转身搬拦捶 二、格斗技术（太极推手） 1. 野马分鬃 2. 搂膝拗步	1. 双峰贯耳 2. 搬拦捶 3. 仆步亮掌—弓步劈拳—换跳步弓步冲拳—马步冲拳—弓步下冲拳 4. 弓步顶肘—转身左拍脚—右拍脚—腾空飞脚—歇步下冲拳 5. 右蹬脚—双峰贯耳—转身左蹬脚—左下势独立—右下势独立 6. 海底针—闪通臂—转身搬拦捶 7. 野马分鬃推手	1. 双峰贯耳 2. 搬拦捶 3. 右蹬脚—双峰贯耳—转身左蹬脚—左下势独立—右下势独立 4. 仆步亮掌—弓步劈拳—换跳步弓步冲拳—马步冲拳—弓步下冲拳	掌握所学动作技术，正确认识、区分和把握太极拳练慢至快、后发先至的主要技击方法，面对进攻能够做出合理有效的防守反应；增强不同速度下的肢体控制能力；提升发现问题、分析问题和解决问题的能力
	单元三	16	掌握初级长拳三路、二十四式太极拳、地域拳种的动作要领，拳法组合格斗技术的动作要领	一、套路（任选一个套路学习） 1. 初级长拳三路 2. 二十四式太极拳 3. 地域拳种 二、格斗技术 1. 拳法组合：前摆拳+后直拳+前摆拳 2. 拳法组合：后直拳+前勾拳	1. 拳法组合 2. 初级长拳三路动作演练 3. 二十四式太极拳动作演练	1. 初级长拳三路 2. 二十四式太极拳 3. 拳法组合打靶	能正确认识和把握完整整套路的演练技巧、方法、风格、节奏，具备良好的武术专项运动能力；发展身体灵敏性，耐力等身体素质，增强意志力、专注力和自信心，员备勇于挑战自我，积极调控情绪、主动解决问题的能力

续表

单元与课时			学		练	赛	评
模块	单元	课时	知识	技术	主要练习方法	教学比赛方法	学业要求
模块六	单元一	18	了解武术竞赛规则及武术鉴赏知识；掌握长拳、太极拳技术特点	一、基本功 1. 跳跃：腾空摆莲、旋子 2. 平衡：侧身举腿平衡 二、套路 1. 基本动作：掩手肱捶、玉女穿梭 2. 组合动作： ①并步砸拳—上步拍脚—提膝冲拳—腾空转身摆莲—上步弹踢—侧身举腿平衡 ②抢臂砸拳—提膝抄拳—垫步旋子—上步撩掌 ③撤身捶—将挤势—进步搬拦捶—如封似闭 ④玉女穿梭—右左蹬脚—掩手肱捶—野马分鬃	1. 腾空摆莲 2. 旋子 3. 侧身举腿平衡 4. 并步砸拳—上步拍脚—提膝冲拳—腾空转身摆莲—上步弹踢—侧身举腿平衡 5. 抢臂砸拳—提膝抄拳—垫步旋子—上步撩掌 6. 撤身捶—将挤势—进步搬拦捶—如封似闭 7. 玉女穿梭—右左蹬脚—掩手肱捶—野马分鬃	1. 连续旋子比赛 2. 并步砸拳—上步拍脚—提膝冲拳—腾空转身摆莲—上步弹踢—侧身举腿平衡 3. 玉女穿梭—右左蹬脚—掩手肱捶—野马分鬃	掌握长拳、太极拳技术特点，形成鲜明的拳术演练风格；形成自觉的行为规范和创新意识，具备克服困难、坚持不懈的意志品质和自学能力
	单元二	18	掌握第一套国际武术竞赛套路长拳、四十二式太极拳、地域拳种的动作要领	一、套路（任选一个套路学习） 1. 第一套国际武术竞赛套路长拳 2. 四十二式太极拳 3. 地域拳种 二、格斗技术（太极推手） 1. 玉女穿梭 2. 如封似闭 3. 单鞭	1. 玉女穿梭推手 2. 如封似闭推手 3. 单鞭推手 4. 第一套国际武术竞赛套路长拳演练 5. 四十二式太极拳演练	1. 右分脚比赛 2. 第一套国际武术竞赛套路长拳 3. 四十二式太极拳	能正确把握完整套路的演练技巧、方法、风格、节奏，提升攻防运用能力；培养创新意识，强化发现问题、分析问题和解决问题的能力

续表

单元与课时			学		练	赛	评
模块	单元	课时	知识	技术	主要练习方法	教学比赛方法	学业要求
模块六	单元三	18	了解武术器械的分类及基本技术	一、基本动作 1. 刀法：撩、劈、砍、挂、缠头裹脑 2. 剑法：劈、点、崩、刺、剪腕花 二、套路 组合动作：①提膝缠头—弓步平斩—仆步带刀—仆步下砍；②弓步撩刀—插步反撩—转身挂劈—弓步左撩—提膝平抹—回身下刺—挂剑直刺；③弓步平抹—回身下刺—挂剑直刺；④虚步平劈—弓步下劈—提膝下截—提膝直刺—带剑前点—提膝下截—提膝直刺	1. 撩刀 2. 劈刀 3. 砍刀 4. 挂刀 5. 缠头裹脑刀 6. 劈剑 7. 点剑、崩剑 8. 刺剑 9. 剪腕花 10. 提膝缠头—弓步平斩—仆步带刀—仆步下砍 11. 弓步撩刀—插步反撩—转身挂劈—弓步左撩 12. 弓步平抹—回身下刺—挂剑直刺 13. 虚步平劈—弓步下劈—提膝下截—提膝直刺	1. 30秒缠头裹脑比赛 2. 30秒剪腕花—点剑 3. 提膝缠头—弓步平斩—仆步带刀—仆步下砍	掌握刀术和剑术的基本方法以及不同器械的风格特点，具备武术自学和编创套路的能力；具备勇于创新和团结协作的能力

续表

单元与课时			学		练	赛	评
模块	单元	课时	知识	技术	主要练习方法	教学比赛方法	学业要求
模块六	单元四	18	了解武术竞赛的组织与实践；掌握刀术、剑术风格特点以及拳腿组合的攻防运用技术	一、套路（任选一个套路学习） 1. 初级刀术 2. 初级剑术 二、格斗技术 1. 拳腿组合：前低鞭腿+后直拳+前摆拳 2. 拳腿组合：前摆拳+后直拳+后鞭腿	1. 舞花刀 2. 原地快速冲拳 3. 原地蹬踢 4. 初级刀术组合动作演练 5. 初级剑术组合动作演练 6. 拳腿组合：前低鞭腿+后直拳+前摆拳 7. 拳腿组合：前摆拳+后直拳+后鞭腿	1. 初级刀术、初级剑术套路比赛 2. 拳腿组合打靶	初步掌握武术竞赛组织的方法，掌握初级刀术、初级剑术套路和拳腿组合动作技术，正确把握套路演练风格和攻防技术的实践运用，具备武术竞赛和武术鉴赏能力；具备良好的团队合作能力和解决问题的能力

第二部分
武术教学策略

　　基于体育课程一体化的总体设计，武术课程的教学分为六个模块，并附有具体的课时计划和教学指导建议，按照"以学定教"的观念，重点围绕学、练、赛、评一体化的思路对各单元的教学策略进行整体规划，注重为教师提供学、练、赛、评的教学设计思路和实施建议。

第一章 ｜ 武术模块一教学策略

模块一共分为四个单元，内容以武德与武术礼仪、武术基本功法和基本动作学习为主。建议32课时完成。

本模块的教学设计，依据学、练、赛、评的思路，从激发学生习武兴趣出发，注重情境式与游戏化，强调学生模仿力和体验感。设计趣味性强，易于操作的学、练方法，借助简单的器材和用具，引导学生对武术兴趣的培养，掌握武术基本功法和基本动作。通过竞技游戏的形式，培养学生规矩意识和尊重对手的意识。

第一节　单元一教学策略

本单元通过学练武术的基本手型、手法、步型、步法以及肩腰腿的练习方法，初步掌握武术基本功法和基本动作。

单元目标

❶ **知识技能学习目标**　通过学习，学生能初步了解武术礼仪，基本掌握手型、手法、步型、步法姿态要求，以及肩腰腿的练习方法，形成一定的动作表象。

❷ **体能素质锻炼目标**　通过压腿、步型转换等素质练习，发展柔韧性、力量素质，增强肌肉本体感觉。

❸ **情感品格培养目标**　通过学、练、赛，学生能感知武德与武术礼仪，初步形成规矩意识。

一　学

（一）单元学习内容

❶ 抱拳礼

并步直立，两臂垂于体侧，目视前方。左手为掌，右手为拳，两手从体侧向胸前合抱，左掌心掩贴右拳面，掌指向上，拳心向下，两臂撑圆，高与胸齐，掌、拳与胸部的距离为20—30厘米（图2-1-1）。

图2-1-1　抱拳礼

❷ 手型

（1）拳　四指并拢卷握，拇指紧扣食指和中指的第二指节（图2-1-2）。

（2）掌　四指并拢伸直，拇指弯曲，紧扣于虎口处（图2-1-3）。

（3）勾　五指第一指节捏拢在一起，屈腕（图2-1-4）。

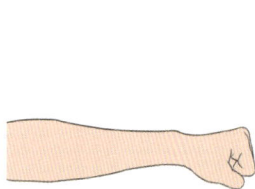

图2-1-2　拳

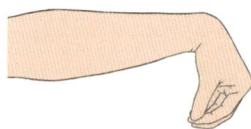

图2-1-3　掌

图2-1-4　勾

❸ 手法

（1）冲拳　开步站立，与肩同宽；握拳抱至腰间，肘尖向后，拳心向上，目视前方。右前臂内旋，拧腰、顺肩，右拳从腰间向前冲出，力达拳面，高与肩平，目视右拳。左右交替练习（图2-1-5）。

（2）推掌　开步站立，两掌收于腰间，右掌前推，小指一侧向前，拧腰、顺肩、屈掌，力达掌根，目视右掌（图2-1-6）。

❹ 步型

（1）弓步　两脚前后开立，前腿屈膝半蹲接近水平，足尖朝前并微内扣，膝与足背垂直；后腿蹬直，足尖斜向前约45º，两脚全脚着地，身体正直向前（图2-1-7）。

（2）马步　两脚左右开立，两脚掌平行着地，足尖朝前，屈膝下蹲，膝盖不超过足尖，大腿接近水平。身体重心落于两腿之间，身体正直，目视前方（图2-1-8）。

图2-1-5　冲拳

图2-1-6　推掌

图2-1-7　弓步

图2-1-8　马步

⑤ 步法

（1）并步　上体正直，两脚内侧相靠，两手自然垂于体侧，目视前方（图2-1-9）。

（2）开步　上体正直，两脚左右平行站立，两手自然垂于体侧，或抱拳收于腰间，目视前方（图2-1-10）。

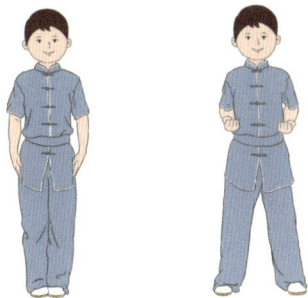

⑥ 腿功

（1）正压腿　面对一定高度的物体或者肋木并步站立，一腿提起，将脚跟放在与髋同高的物体上，脚尖勾起，两腿伸直，上体前倾，用额头尽力碰触脚尖（图2-1-11①②）。

（2）正踢腿　两臂平伸，手掌直立，一腿直立支撑，另一腿勾脚尖快速向额头正前方上踢，支撑腿、摆动腿和上体要挺直（图2-1-12①—③）。

（3）弹腿　一腿直立支撑，另一腿屈膝提起，接近水平时，迅速猛力挺膝，向前弹击，力达脚尖。直腰、收髋、挺膝出腿协调，脚面绷平。左右交替进行（图2-1-13）。

⑦ 腰功

仰卧成桥　仰卧，两腿自然弯曲，两脚向后蹬，两手向后弯曲，指尖着地，伸展腰部，全身呈"拱桥"状（图2-1-14）。

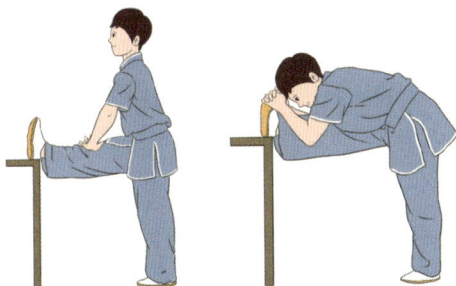

图2-1-9　并步　　图2-1-10　开步

图2-1-11①②　正压腿

图2-1-12①—③　正踢腿

图2-1-13　弹腿

图2-1-14　仰卧成桥

⑧ 臂功

（1）压肩　面对一定高度的物体，两脚开立同肩宽，上体前俯，两手抓住横杆，抬头，挺胸，塌腰，用力向下振压（图2-1-15）。

（2）单臂绕环　开步站立，右臂以肩为轴做直臂的顺、逆时针绕环（图2-1-16）。

（3）双臂绕环　开步站立，以肩关节为轴，两臂分别向前和向后做直臂绕环。顺、逆时针绕环交替进行（图2-1-17）。

图2-1-15　压肩　　　　图2-1-16　单臂绕环　　　图2-1-17　双臂绕环

⑨ 拳掌勾手型变换

抱拳开立，右左冲拳、推掌，经体侧成上架掌，两手变勾于体侧，并步抱拳。拳型掌型勾手正确，劲力顺达，动作连贯，力点准确，手法、眼法配合协调（图2-1-18①—⑧）。

图2-1-18①—⑧　拳掌勾手型变换

❿ 弓步—马步步型转换

并步站立，两拳抱于腰间，两脚开立成马步，右脚用力内转向右蹬地，右腿伸直，身体左转，挺直腰背，成左弓步；左脚蹬地内旋，右腿屈膝，腰部向右拧转成马步，上体保持直立，目视前方（图2-1-19①—④）。

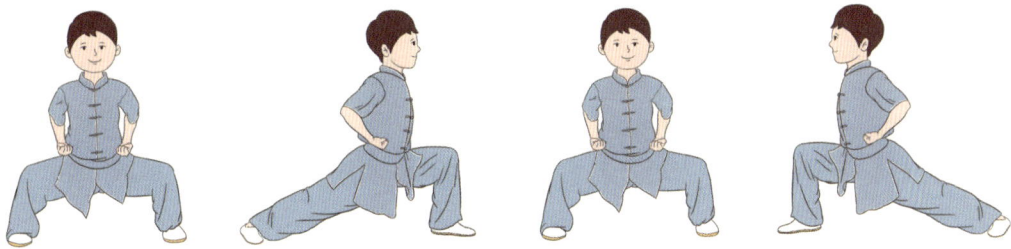

图2-1-19①—④ 弓步—马步步型转换

（二）单元学习方法

本单元遵循学生学习和掌握运动技能的规律，循序渐进。根据学生具体情况，设计有利于学生掌握武术技能的学习方法，引导学生达到学习目标。

❶ 观察示范学习法

教师讲解和示范武术基本功法、基本动作，让学生通过听、观察、模仿进行学习。

❷ 体验感知学习法

教师组织学生进行动作模仿，注重让学生体验原地冲拳和推掌、手型变化，体验弓步、马步动作的发力顺序。

❸ 游戏学习法

教师将学习内容融入游戏中，引导学生学习武术基本功法和基本动作。

二 练

（一）练习方法设计思路

本单元练习方法的设计，从激发学生习武兴趣出发，遵循从易到难的原则，强化练习方法的趣味性和简易操作性，充分利用简单、易操作的器材和用具，丰富多样的练习方法，掌握动作要领。

（二）练习与组织

❶ 单个技术练习

练法 1

【练法名称】抱拳礼比范儿

【练习目的】掌握抱拳礼的动作要领，感知武术的武德与礼仪，养成规矩意识。

【练习方法】两人相对并步直立，模仿教师行抱拳礼。师评、生生互评谁最有范儿。

【场地器材】武术地毯或平整的场地。

【练习要求】左手为掌，右手为拳，两手从体侧向胸前合抱，左掌心掩贴右拳面，掌指向上，拳心向下，两臂撑圆，高与胸齐，掌、拳与胸部的距离为20—30厘米。

【拓展建议】了解抱拳礼蕴含的意义。

练法 2

【练法名称】一支笔体悟拳掌勾

【练习目的】掌握拳掌勾动作要领。

【练习方法】学生利用一支铅笔，根据教师要求（横握、大拇指夹住、五指提起笔）做出动作尝试，体悟拳掌勾的动作核心点。

【场地器材】武术地毯或平整的场地、铅笔。

【练习要求】练习时同伴尝试从学生手中抽出铅笔。不允许乱挥舞铅笔。

【拓展建议】尝试感悟拳掌勾的运用。

练法 3

【练法名称】10秒冲拳、推掌

【练习目的】进一步掌握几种手法的动作和应用。

【练习方法】学生依次进行左右冲拳、推掌动作演练，记录10秒内完成的次数。

【场地器材】武术地毯或平整的场地。

【练习要求】手型正确，方法清楚，劲力顺达，拧腰、顺肩协调，力点准确。

【拓展建议】尝试创编手法应用。

练法 4

【练法名称】一根绳量弓步、马步

【练习目的】利用一根绳体悟弓步、马步两种步型。

【练习方法】通过语言提示，让学生将绳子系在大腿上，看是否与小腿平行，判断自己弓步、马步做得是否到位。

【场地器材】武术地毯或平整的场地、绳子。

【练习要求】按教师要求，将绳子系在腿部指定的位置，使绳子呈规定状态。

【拓展建议】可以两人一组手拉手，同时进行弓步、马步的体验。

❷ 组合技术练习

练法 1

【练法名称】拳掌勾手型变换

【练习目的】提高学生上肢力量和灵活性，进一步掌握拳掌勾动作要领。

【练习方法】学生进行两个8拍组合动作演练，教师进行正误对比，并现场评分。

【场地器材】武术地毯或平整的场地。

【练习要求】手型正确，劲力顺达，动作连贯，力点准确，手眼配合协调。

【拓展建议】利用拳掌勾创编组合。

练法 2

【练法名称】弓步—马步步型转换

【练习目的】提高学生下肢力量和灵活性，进一步掌握弓步、马步动作要领。

【练习方法】学生完成马步—左弓步—马步—右弓步—马步转换动作演练，教师现场评分。

【场地器材】武术地毯或平整的场地。

【练习要求】弓步、马步步型正确，转换方法清楚，后腿蹬地转胯速度快，后腿蹬直，劲力顺达，重心稳定，动作连贯，节奏分明。

【拓展建议】比一比马步桩。

三 赛

（一）教学比赛设计思路

本单元教学比赛的设计严格遵循锻炼性原则，根据参加武术比赛学生的年龄、性别以及武术能力等特点来确定相应的比赛运动负荷量、动作难度和活动方式。通过比赛，学生能进一步掌握动作要领，理解武术的规矩意识和尊重对手意识。

（二）教学比赛方法与组织

❶ 单个技术比赛方法

比赛 1

【比赛名称】弓步接力

【比赛目的】进一步掌握弓步动作要领，提升动作协调性，培养规矩意识。

【比赛方法】将学生平均分为两组，在场地上布置两根固定高度的绳子，比赛开始后每组出1人弓步穿过绳子后，跑回起点和下一人击掌接力。

【注意事项】不许碰到绳子，遵守比赛规则。比赛之前和结束之后要行抱拳礼。

【场地器材】武术地毯或平整的场地、绳子。

【拓展建议】用不同步型通过不同的障碍物。

比赛 2

【比赛名称】20秒冲拳击物

【比赛目的】进一步掌握冲拳的动作和应用，提高协调能力。

【比赛方法】两人一组，甲在自己手上放一个饮料瓶，乙用冲拳动作击中瓶子，记录20秒内完成的次数，击中多者胜。两人轮换。

【注意事项】反应要迅速，拳型正确，方法清楚，劲力充足、顺达，拧腰、顺肩协调，力点准确。比赛之前和结束之后要行抱拳礼。

【场地器材】武术地毯或平整的场地。

【拓展建议】引导学生说出动作的攻防含义。

---

❷ 组合技术比赛方法

比赛 1

【比赛名称】弓步、马步平衡赛

【比赛目的】进一步掌握弓步、马步动作要领，感悟弓步、马步在实战中的应用。

【比赛方法】两人一组，右弓步相向拉手，利用弓步、马步的转换使对手失去平衡。

【注意事项】禁止大力推搡，比赛之前和结束之后要行抱拳礼。

【场地器材】武术地毯或平整的场地。

【拓展建议】可以尝试多人比赛。

比赛 2

【比赛名称】拳掌勾攻防创编赛

【比赛目的】掌握拳掌勾动作要领，提升学生武术应用能力，培养尊重对手的意识。

【比赛方法】甲乙两队创编动作，进行攻防演练。

【注意事项】在规定时间内完成，反应要迅速，应对要准确，动作要规范。比赛之前和结束之后要行抱拳礼。

【场地器材】武术地毯或平整的场地。

【拓展建议】引导学生说出攻防的含义。

四　评

（一）知识技能学习评价

1. 通过学习抱拳礼，学生能了解武术礼仪的基本常识。

2. 通过学习，学生能完成冲拳、推掌、弓步和马步转换及肩、腰、腿的练习，形成一定的动作表象。

3. 学生能了解所学动作的动作要领和练习方法。

（二）体能素质锻炼评价

通过压腿、步型转换等专项身体素质练习，学生的柔韧性、力量素质得到增强。

（三）情感品格培养评价

通过抱拳礼和10秒冲拳、推掌动作练习，观察学生是否具备武术的精气神；通过弓步接力、拳掌勾攻防创编赛等方法，考查学生是否具有规矩意识和尊重对手的意识。

第二节 单元二教学策略

本单元通过学练武术的基本手型、手法、步型、步法以及腰腿的主要练习方法，初步掌握武术基本功的动作要领，体会基本功在武术中的运用方法。

> **单元目标**
>
> ❶ **知识技能学习目标** 通过学习，学生能理解武术礼仪，基本掌握手型、手法、步型、步法的动作要领，学会腰腿等部位基本功的主要练习方法。
>
> ❷ **体能素质锻炼目标** 通过步法变换、弹腿击物等素质练习，发展下肢柔韧性和肌肉控制能力，锻炼上下肢协调配合能力。
>
> ❸ **情感品格培养目标** 通过学、练、赛，培养坚强的意志品质。

一 学

（一）单元学习内容

❶ 手法

穿掌　开步站立，左掌按于胸前，右掌从左掌背上方穿出，掌心斜向上，力达掌指，左掌经右掌下方收至右腋下，掌心向外，目视右掌（图2-1-20）。

❷ 步型

（1）仆步　腰间抱拳，两腿左右分开，两脚距离约脚长的四至五倍，一腿屈膝全蹲，膝部与脚尖外展；另一腿伸直平仆，两脚全脚着地（图2-1-21）。

图2-1-20　穿掌　　　　图2-1-21　仆步

（2）歇步　腰间抱拳，两腿交叉，靠拢全蹲；前脚全脚着地，脚尖外展；后脚前脚掌着地，臀部坐于后腿小腿上（图2-1-22）。

③ 步法

（1）上步　两脚并步直立，左脚向前迈步为上步（图2-1-23①②）。

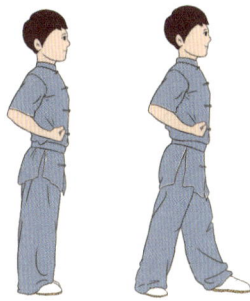

（2）退步　两脚并步直立，右脚向后撤步为退步（图2-1-24①②）。

④ 腰功

（1）前俯腰　并步站立，两脚并拢，两腿挺直，上体前屈，胸部贴近两腿，挺胸、塌腰、收髋，两手手指交叉贴近脚面，或抱住两脚跟部，持续一定时间（图2-1-25①②）。

（2）侧俯腰　并步站立，两脚并拢，两腿挺直，上体向左（右）侧下屈，胸部贴近左（右）腿侧（图2-1-26）。

⑤ 腿功

仆步压腿　右腿屈膝全蹲，膝部与脚尖外展，左腿伸直平仆成左仆步；两手分别抓握两脚外侧，臀部向下振压，尽量贴近地面，左右仆步交替练习（图2-1-27）。

⑥ 弹腿冲拳

并步抱拳，左拳拧旋击出，拳心向下；同时右脚向前弹出，脚面绷平，力达脚尖，上体直立，目视前方（图2-1-28）。

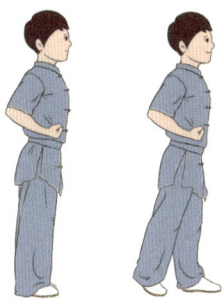

图2-1-22　歇步　　　图2-1-23①②　上步　　　图2-1-24①②　退步

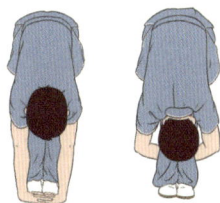

图2-1-25①②　前俯腰　　图2-1-26　侧俯腰　　图2-1-27　仆步压腿　　图2-1-28　弹腿冲拳

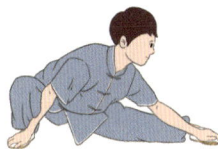

❼ 歇步冲拳

并步抱拳，两腿交叉下蹲成右歇步；同时左拳从腰间向前冲出，拳心向下，力达拳面，目视前方；左歇步动作相同，方向相反（图2-1-29）。

❽ 提膝穿掌

并步直立，左掌按于胸前，右掌收于腰间；提左膝，右掌从左掌背上方穿出，掌心斜向上，力达掌指，左掌经右掌下方回收至右肩前，掌心向外；目视右掌（图2-1-30）。

❾ 仆步穿掌

屈右膝，身体左转，左脚向左铲出平伸成左仆步，脚尖内扣；左掌外旋沿左腿内侧向前穿出，两臂伸直，两掌拇指一侧向上，目视穿掌方向（图2-1-31）。

图2-1-29　歇步冲拳　　　图2-1-30　提膝穿掌　　　图2-1-31　仆步穿掌

（二）单元学习方法

本单元的学习方法，以提高学生的观察力和体验感为主，强调模仿和体验。

❶ 观察示范学习法

教师示范武术基本功、基本动作，让学生学会观察教师手法、步法的运行路线。

❷ 体验感知学习法

教师组织学生进行动作模仿和体验，重点体验提膝穿掌时的身体平衡状态。

❸ 游戏比赛学习法

教师通过游戏比赛的方法，引导学生体验和感悟武术基本功法和基本动作。

二　练

（一）练习方法设计思路

本单元练习方法的设计，强化趣味性和简易性，利用简单的器材和用具，攻克教学难点，引导学生掌握武术基本功、套路基本动作的动作要领。

（二）练习与组织

❶ 单个技术练习

练法 1

【练法名称】穿掌击破

【练习目的】掌握穿掌的动作要领。

【练习方法】两人开步站立，甲两掌收于腰间；乙将报纸举至甲右上方，甲穿掌击破报纸。两人交替进行练习。

【场地器材】武术地毯或平整的场地、报纸。

【练习要求】穿掌动作要迅速，发力干脆利索，目标要准确。

【拓展建议】左右掌交替进行，感受穿掌的攻防含义。

练法 2

【练法名称】弹腿击物

【练习目的】锻炼腿部肌肉力量和爆发力。

【练习方法】甲手持脚靶，乙左右腿交替弹踢脚靶，两人交替练习。

【场地器材】武术地毯或平整的场地、脚靶。

【练习要求】出腿迅速，脚面绷直，用脚面击打脚靶，高度接近水平。

【拓展建议】尝试其他腿法击物练习。

练法 3

【练法名称】歇步推手

【练习目的】提高学生歇步的平衡能力，了解武术礼仪，懂得尊重对手。

【练习方法】两个学生面对面做歇步，进行推手对抗练习。

【场地器材】武术地毯或平整的场地。

【练习要求】两人需做同向歇步，即均为左歇步或均为右歇步；推手过程中，保持歇步动作标准，不能走形。

【拓展建议】尝试运用马步、弓步步型进行推手练习。

练法 4

【练法名称】步法的随机应变

【练习目的】通过上步和退步的随机应变练习，提高学生的反应能力。

【练习方法】学生两臂间隔散开，两脚前后开立，根据教师的口令进行上步、退步的随机应变练习。

【场地器材】武术地毯或平整的场地。

【练习要求】集中精神，根据口令迅速做出相应的反应。

【拓展建议】口令可以千变万化，例如哨声或英文口令等。

❷ 组合技术练习

练法 1

【练法名称】弹腿冲拳—歇步冲拳

【练习目的】提高学生身体协调性，体会动作的攻防含义。

【练习方法】左弹腿右冲拳，左腿落地后上右步做右歇步冲左拳，左右交替进行，沿直线做行进间练习。

【场地器材】武术地毯或平整的场地。

【练习要求】弹腿接近水平，弹出干脆有力，歇步四平八稳，动作连贯顺畅。

【拓展建议】利用弹腿冲拳和马步冲拳进行练习。

练法 2

【练法名称】提膝穿掌—仆步穿掌

【练习目的】进一步掌握穿掌的动作要领，提高学生的平衡能力。

【练习方法】并步抱拳，提左膝右穿掌，接左仆步穿掌，再接反方向并步抱拳，左右交替进行，沿直线做行进间练习。

【场地器材】武术地毯或平整的场地。

【练习要求】提膝过腰，仆步四平八稳，穿掌如行云流水，动作连接顺畅自然。

【拓展建议】尝试将所学步法与拳掌勾串联起来，创编一个简单小套路。

三 赛

（一）教学比赛设计思路

本单元教学比赛的设计，根据动作特点及学生的年龄、性别、武术能力的差异，确定相应的比赛运动负荷量和动作难度，通过比赛培养学生坚强的意志品质。

（二）教学比赛方法与组织

❶ 单个技术比赛方法

比赛 1

【比赛名称】俯腰运球比赛

【比赛目的】进一步锻炼学生下肢柔韧性和肌肉力量，培养坚强的意志品质。

【比赛方法】学生做俯腰动作，用手将身体左侧塑料盆中的乒乓球移动至右侧的塑料盆中。计时30秒，移动乒乓球最多的人为胜利者。

【注意事项】并步直立，胸部贴近两腿，每次只能移动一个乒乓球。比赛之前和结束之后要行抱拳礼。

【场地器材】武术地毯或平整的场地、乒乓球、塑料盆、秒表。

【拓展建议】尝试进行1分钟的俯腰运球比赛。

比赛 2

【比赛名称】穿掌击破比赛

【比赛目的】进一步掌握穿掌的动作要领，体会穿掌动作的应用，感受穿掌的发力技巧。

【比赛方法】两人面对面站立，乙将报纸举至甲右上方，甲穿掌击破报纸。30秒内击破报纸数量最多的人为胜利者。

【注意事项】动作规范，掌型正确，力点精准，出手干脆迅速，劲力充足。比赛之前和结束之后要行抱拳礼。

【场地器材】武术地毯或平整的场地、报纸、秒表。

【拓展建议】尝试运用冲拳手法进行击破练习。

② 组合技术比赛方法

比赛	【比赛名称】仆步、歇步推手比赛
	【比赛目的】进一步掌握仆步、歇步的动作要领，提升平衡能力，了解武术礼仪，懂得尊重对手，勇敢坚强。
	【比赛方法】两人一组，面对面做仆步或歇步，进行推手比赛，使对手失去平衡的人为胜利者。
	【注意事项】在推手过程中，两人的仆步和歇步方向相同，保持动作规范。比赛之前和结束之后要行抱拳礼。
	【场地器材】武术地毯或平整的场地。
	【拓展建议】可以尝试运用弓步或马步步型进行推手比赛。

四 评

（一）知识技能学习评价

1. 通过对武术基本功法的学习，学生能掌握穿掌、仆步、歇步、上步、退步以及前俯腰、侧俯腰和仆步压腿的练习方法。

2. 通过基本动作练习，学生能熟练完成弹腿冲拳—歇步冲拳、提膝穿掌—仆步穿掌等组合动作。

3. 学生能基本表述所学动作的动作要领和练习方法，能够对教师的评价有正确的反馈。

（二）体能素质锻炼评价

通过俯身运球、弹腿击物练习，学生下肢柔韧性和腿部力量得到锻炼；通过推手和组合动作练习，上下肢的协调配合能力得到提升。

（三）情感品格培养评价

通过步法随机应变和各种步型的推手比赛，观察学生是否具备坚强的意志品质。

第三节　单元三教学策略

本单元的教学会使学生进一步了解武术的基本手法、步法以及简单的组合动作，初步掌握虚步亮掌的动作要领，加深对组合动作的认识。

🎯 单元目标

❶ **知识技能学习目标** 通过学习，学生能掌握手型、手法、步型、步法的姿态要求，以及虚步亮掌和组合动作技术。

❷ **体能素质锻炼目标** 通过素质练习，发展柔韧性、力量素质，增强肌肉本体感觉，提升对动作的控制能力。

❸ **情感品格培养目标** 通过学、练、赛，学生接受武术素养教育，形成尊重对手的意识。

一 学

（一）单元学习内容

❶ 手法

亮掌　两拳抱于腰间，左拳变掌经体侧向上画弧，至头部左前方抖腕亮掌，左右交替进行（图2-1-32）。

❷ 步型

虚步　两脚前后开立，宽约脚长的三倍，后脚屈膝半蹲，大腿接近水平，全脚着地，重心落于后腿，前腿微屈，脚面绷平，脚尖稍内扣虚点地面（图2-1-33）。

❸ 虚步亮掌

右腿屈膝半蹲，大腿接近水平，全脚着地，左腿微屈，脚面绷平，脚尖稍内扣虚点地面；左臂摆至体后，左手勾手，勾尖朝上，右臂经体侧至头上方屈肘抖腕，掌心向上（图2-1-34）。

 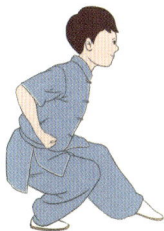 

图2-1-32　亮掌　　　　图2-1-33　虚步　　　　图2-1-34　虚步亮掌

❹ **并步抱拳—弓步冲拳—弹腿冲拳—马步架打**

并步站立，手臂自然垂于两侧，两手变拳收于腰部两侧，拳心向上。左腿弯曲，大腿与地面平行，膝盖不超过脚尖，右腿蹬直，脚尖斜向前，右手冲拳，左拳收至腰间。重心前移，右腿向前弹踢，同时冲左拳，右拳收于腰间。右脚前落，成马步；向左拧腰冲右拳，同时左掌架于头顶，目视右拳（图2-1-35①—④）。

❺ **歇步冲拳—提膝穿掌**

右歇步冲左拳，目视前方。左拳变掌下横盖，右腿直立，左腿提膝，同时右拳变掌从腰间向右上方穿出，目视右掌（图2-1-36①②）。

❻ **仆步穿掌—虚步挑掌—并步抱拳**

左脚向左落步成左仆步，左掌向左下方穿出，目视左方。右脚向前上步成右虚步，左掌向上向后变勾手，右掌向前向上挑出，掌指向上，右肘微曲，目视前方。左脚向右脚并拢，两手变拳收回腰间。向左摆头，目视左方（图2-1-37①—③）。

图2-1-35①—④　并步抱拳—弓步冲拳—弹腿冲拳—马步架打

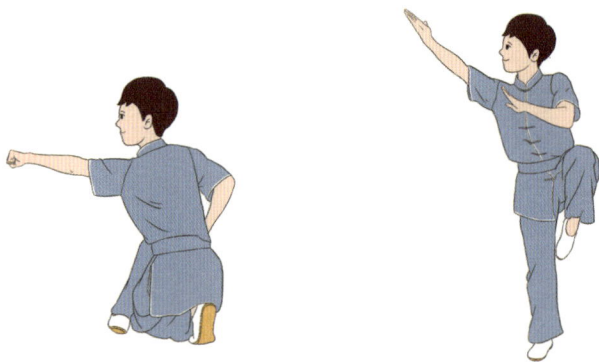

图2-1-36①②　歇步冲拳—提膝穿掌

图2-1-37①—③　仆步穿掌—虚步挑掌—并步抱拳

（二）单元学习方法

通过各种学习方法，激发学生的学习兴趣，引导学生了解和掌握武术的基本手型、步型和步法等，初步认识武术套路的框架。

❶ 观察示范学习法

教师讲解、示范武术组合动作，学生通过听、观察、模仿进行学习。

❷ 体验感知学习法

通过观看精彩的武术表演片段，增强学生对武术的学练兴趣。通过自我练习感知每个组合动作的重难点。

❸ 游戏学习法

主要用于本单元武术基本功、基本动作的教学，激发学生的习武兴趣。

二　练

（一）练习方法设计思路

本单元练习方法的设计，采用目标辅助、口令指导、正误对比等练习法，使学生能在体验和对比过程中感悟动作的要点，形成正确的动作表象。

（二）练习与组织

❶ 单个技术练习

练法 1

【练法名称】亮掌最有范儿

【练习目的】掌握亮掌的动作要领。

【练习方法】两人面对面开步直立，根据教师口令，同时完成亮掌动作。师评、生生互评谁最有范儿。

【场地器材】武术地毯或平整的场地。

【练习要求】一手为掌一手为拳，亮掌于头顶上，掌心向上。亮掌要迅速，眼神要专注。

【拓展建议】了解亮掌在武术动作中蕴含的意义。

练法 2

【练法名称】虚步铁板凳

【练习目的】掌握虚步动作要领，体验武术塑形铸魂的特点。

【练习方法】学生利用坐凳子的方法，根据教师要求尝试完成虚步动作，体悟虚步的动作核心点。

【场地器材】武术地毯或平整的场地、凳子。

【练习要求】可以缓慢抽出凳子，学生保持重心稳定。

【拓展建议】尝试感悟虚步的重心及运用。

练法 3

【练法名称】虚步亮掌

【练习目的】进一步掌握虚步与亮掌的动作和应用。

【练习方法】学生进行虚步亮掌动作演练，记录保持正确动作的静止时间。

【场地器材】武术地毯或平整的场地。

【练习要求】动作规范，姿势正确。

【拓展建议】在虚步的基础上尝试不同方位亮掌的应用。

❷ 组合技术练习

练法 1

【练法名称】并步抱拳、亮掌面面评

【练习目的】进一步掌握并步抱拳、并步亮掌动作要领，提高抱拳、亮掌速度，充分体现手眼的协调配合，了解武术礼仪。

【练习方法】面对面错位站立对比，根据口令进行抱拳摆头、并步亮掌练习，教师进行正误对比，并现场评分。

【场地器材】武术地毯或平整的场地。

【练习要求】劲力顺达，动作连贯，力点准确，手眼配合协调。

【拓展建议】逐渐延长单次练习的静止时间，增加练习次数。

练法 2

【练法名称】弓步、马步冲拳打靶

【练习目的】进一步掌握弓步、马步的动作要领，提高弓步、马步冲拳的协调性。

【练习方法】左弓步冲右拳击打靶心后，迅速变马步冲左拳击打靶心，目视出拳方向。

【场地器材】武术地毯或平整的场地、手靶。

【练习要求】转腰、送肩、冲拳动作连贯一致，发力快猛，力达拳面，意、气、力相合。

【拓展建议】尝试左右方向交替进行打靶练习。

练法 3

【练法名称】弓步冲拳—弹腿冲拳

【练习目的】增强腿部控制能力，提高身体稳定性。

【练习方法】教师口令指导，学生反复练习右冲拳—弹右腿冲左拳动作；动作熟练的基础上进行弓步冲拳、弹腿冲拳练习。

【场地器材】武术地毯或平整的场地。

【练习要求】冲拳有力，力达拳面；弹踢时脚面绷平，力达脚尖。

【拓展建议】左右两个方向交替进行。

三 赛

（一）教学比赛设计思路

本单元教学比赛的设计，通过组合动作、击打脚靶等形式，帮助学生掌握基本功和套路组合动作技术，为后期学习套路动作奠定基础。

（二）教学比赛方法与组织

❶ 单个技术比赛方法

比赛 1

【比赛名称】提膝穿掌

【比赛目的】掌握提膝穿掌动作要领，提升上下肢动作的协调性。

【比赛方法】将学生平均分为两组，场地上布置一根固定高度的绳子，比赛开始后每组出1人用穿掌来回触碰绳子两次后，与下一个学生击掌接力。

【注意事项】提膝动作标准，指尖碰到绳子，按规则执行。比赛之前和结束之后要行抱拳礼。

【场地器材】武术地毯或平整的场地、绳子。

【拓展建议】进行提膝穿掌攻防演练。

比赛 2

【比赛名称】仆步穿梭

【比赛目的】进一步掌握仆步动作要领，提升动作协调性。

【比赛方法】将学生平均分为两组，在场地上布置两根固定高度的绳子，比赛开始后每组出1人用仆步来回穿过绳子6次后，和下一个学生击掌接力。

【注意事项】不许碰到绳子，按规则执行。比赛之前和结束之后要行抱拳礼。

【场地器材】武术地毯或平整的场地、绳子。

【拓展建议】用不同的步型通过不同的障碍物。

❷ 组合技术比赛方法

比赛

【比赛名称】提膝穿掌—仆步穿掌—虚步挑掌

【比赛目的】掌握组合动作要领，提高协调能力。

【比赛方法】分组进行组合动作演练，教师现场评分。

【注意事项】比赛之前和结束之后要行抱拳礼。

【场地器材】武术地毯或平整的场地。

【拓展建议】学生可以相互对比、交流悟出动作要领，理解动作攻防含义。

四 评

（一）知识技能学习评价

1. 通过学习，学生能掌握武术组合动作名称和基本要求，感知动作特点和运动轨迹。

2. 通过分解动作、完整组合动作的学习，学生能正确完成虚步亮掌、并步抱拳—弓步冲拳—弹腿冲拳—马步架打、歇步冲拳—提膝穿掌、仆步穿掌—虚步挑掌—并步抱拳动作，练习时能举一反三，组合动作连贯协调。

3. 学生能表述所学动作的动作要领和练习方法，感悟动作的攻防含义，能对教师和同伴的评价做出正确的反馈。

（二）体能素质锻炼评价

通过虚步铁板凳、冲拳打靶等练习，学生柔韧和力量素质得到提升。

（三）情感品格培养评价

通过学、练、赛，观察学生是否具有尊重对手的意识。

第四节　单元四教学策略

本单元通过学练武术的基本套路——五步拳，进一步掌握手法、步法的动作要领和运用。

🎯 单元目标

❶ **知识技能学习目标**　通过学习，学生能了解武术长拳套路的基本架构，掌握五步拳动作名称、顺序和动作要领，感悟五步拳的攻防含义。

❷ **体能素质锻炼目标**　通过素质练习，发展柔韧性、速度、协调性等素质，增强肌肉、韧带的伸展性和灵活性，提升对肢体的控制能力。

❸ **情感品格培养目标**　通过学、练、赛，形成合作意识，培养勇猛顽强的品质，具备一定的武术素养。

一 学

（一）单元学习内容

五步拳

1. 预备式；2. 弓步冲拳；3. 弹腿冲拳；4. 马步架打；5. 歇步盖冲拳；6. 提膝仆步穿掌；7. 虚步挑掌；8. 收势。

（二）单元学习方法

本单元让学生进行模仿学习，了解动作的先后顺序，从而提高动作的熟练度，更方便学生记忆。

❶ 观察示范学习法

教师示范武术组合动作，让学生通过观察、模仿进行学习。

❷ 体验感知学习法

观看精彩的武术表演片段，增强学生对武术的学练兴趣。

二 练

（一）练习方法设计思路

本单元练习方法的设计，遵循从易到难的原则，通过对单个动作的练习强化学生的肌肉本体感觉，通过组合动作的练习强化学生的方向感和空间感。

（二）练习与组织

❶ 单个技术练习

练法 1

【练法名称】左弓步搂手冲拳

【练习目的】掌握弓步搂手冲拳动作要领和攻防含义。

【练习方法】模仿教师的动作，教师纠错和生生互纠错，提高动作质量。

【场地器材】武术地毯或平整的场地。

【练习要求】姿势正确，方法清楚，劲力顺达，动作连贯，节奏分明。

【拓展建议】尝试感受动作转换期间的发力，感受发力点和动作速度。

练法 2

【练法名称】弹踢冲拳打靶

【练习目的】掌握弹踢冲拳动作要领，培养学生勇猛顽强的意志品质。

【练习方法】两人一组进行弹踢冲拳打靶训练，感受发力。

【场地器材】武术地毯或平整的场地、脚靶。

【练习要求】姿势正确，方法清楚，劲力顺达，动作连贯，节奏分明。

【拓展建议】逐渐加快练习速度和力度。

练法
3

【练法名称】马步架打

【练习目的】掌握马步架打动作要领，培养学生的合作意识。

【练习方法】两人一组进行马步架打的攻防配合练习，甲劈掌，乙上架掌，提高学生的学习兴趣。

【场地器材】武术地毯或平整的场地。

【练习要求】劈掌有力，架掌迅速。

【拓展建议】思考马步架打的攻防含义。

练法
4

【练法名称】歇步盖冲拳

【练习目的】掌握歇步盖冲拳动作要领。

【练习方法】反复进行冲拳动作练习；进行歇步动作练习；在熟练掌握动作的基础上进行完整动作练习。

【场地器材】武术地毯或平整的场地。

【练习要求】姿势正确，方法清楚，劲力顺达，动作连贯，节奏分明。

【拓展建议】进行两人的攻防配合练习。

练法
5

【练法名称】提膝穿掌

【练习目的】掌握提膝穿掌动作要领。

【练习方法】进行右腿独立平衡练习；进行穿掌动作练习；完整动作练习。

【场地器材】武术地毯或平整的场地。

【练习要求】姿势正确，劲力顺达，动作连贯。

【拓展建议】进行左右对称动作练习。

❷ 组合技术练习

练法

【练法名称】五步拳整套练习

【练习目的】了解武术套路概念，进一步掌握五步拳动作要领，提高动作衔接的连贯性。

【练习方法】分组进行动作整套演练，教师根据演练情况，进行现场评分。

【场地器材】武术地毯或平整的场地。

【练习要求】动作正确，劲力顺达，动作连贯，力点准确，手法、眼神配合协调。

【拓展建议】了解五步拳在武术中的地位和意义。

三 赛

（一）教学比赛设计思路

本单元教学比赛的设计，采用由易到难的方式，围绕五步拳的手法和步法分别进行比赛，有助于学生快速记忆和掌握五步拳动作，体会五步拳的攻防含义。

（二）教学比赛方法与组织

比赛 1

【比赛名称】站式五步拳

【比赛目的】进一步掌握五步拳手法的动作要领，提升手法、眼神的协调配合。

【比赛方法】将学生平均分成若干组，每组进行五步拳上肢动作演练，教师现场评分。

【注意事项】比赛之前和结束之后要行抱拳礼。

【场地器材】武术地毯或平整的场地。

【拓展建议】学生观看比赛视频，进行互评。

比赛2

【比赛名称】标准五步拳

【比赛目的】进一步掌握五步拳手法和步法的动作要领，提升手法、步法和眼神的协调配合，体会五步拳动作的攻防含义。

【比赛方法】将学生平均分成若干组，每组进行五步拳动作演练，教师进行现场评分。

【注意事项】比赛之前和结束之后要行抱拳礼。

【场地器材】武术地毯或平整的场地。

【拓展建议】学生观看视频记录，进行互评。

四 评

（一）知识技能学习评价

1．通过学习五步拳，学生对武术套路框架和武术空间方位有所认知，熟知五步拳动作名称、顺序和动作要领，能独立完成五步拳动作，体现手法、步法和眼神的协调配合，体会动作的攻防含义。

2．学生能对教师和同伴的评价做出正确的反馈。学生熟知该单元的技术要求，达到武术运动能力等级一级达标考核标准。

（二）体能素质锻炼评价

通过套路练习，学生的肌肉、韧带的伸展性和灵活性增强，柔韧性、速度、协调性素质以及肢体控制能力得到提升。

（三）情感品格培养评价

通过本单元的学、练、赛，观察学生是否具备合作意识和勇猛顽强的品质。

第二章│武术模块二教学策略

模块二共分为四个单元，内容以基本动作、基本功法、段前级健身拳操、段位制长拳一段单练和对打套路、接触性格挡防守技术学习为主。建议34课时完成。

本模块的教学设计依据学、练、赛、评的思路，从发展学生的武术专项身体素质入手，通过基本功法、基本动作和攻防配合的学与练，使学生初步感知武术套路的动作、路线、节奏，提升学生的攻防配合意识和反应能力，形成良好的合作意识。比赛设计从基本功法入手，以游戏化的比赛形式为主，强调趣味性和竞争性，并加入武术的攻防体验，培养学生持之以恒、勤学苦练的精神。

第一节　单元一教学策略

本单元通过学练武术手法、步法、肩腰腿功、健身拳操，初步掌握武术基本功和基本动作，提升对肢体的控制能力，感知武术的育人价值。

单元目标

❶ **知识技能学习目标** 通过学习，学生能认识和了解武术的特点，熟练掌握手型、手法、步型、步法姿态要求，以及肩腰腿的练习方法，形成一定的动作表象，初步具备对武术空间方位的认知感。

❷ **体能素质锻炼目标** 通过握棍转肩、控腰、侧压腿等专项身体素质的练习，发展柔韧性、力量素质，增强肌肉本体感觉。

❸ **情感品格培养目标** 通过学、练、赛，学生能感知武术的育人价值，磨炼坚强的意志品质。

一 学

（一）单元学习内容

❶ 手法

（1）劈拳

开步抱拳，右臂伸直，经体前由左向上、向右侧画弧劈打，力达拳外沿（图2-2-1）。

（2）贯拳

开步抱拳，拳由外向前、向内弧形摆击，臂微屈，拳眼斜向下（图2-2-2）。

（3）劈掌

开步抱拳，右拳变掌，手臂伸直，经体前向上、向右画弧劈打，力达掌外沿（图2-2-3）。

（4）架掌

开步抱拳，手臂屈肘内旋，经体前弧形上摆至额前上方，掌心斜朝上（图2-2-4）。

图2-2-1 劈拳　　　图2-2-2 贯拳　　　图2-2-3 劈掌　　　图2-2-4 架掌

❷ 步法

（1）插步

并步直立，右脚从身后插至身体的左后方，脚掌着地，左腿膝盖顺势弯曲。反向同理（图2-2-5）。

（2）盖步

并步直立，右脚提起，向左侧前方横迈一步，脚尖外展，两腿交叉。左右脚交替进行（图2-2-6）。

图2-2-5 插步　　　图2-2-6 盖步

❸ 臂功

（1）握棍转肩

两腿开立，两手正握棍于腹部，直臂上举，使棍经头部绕至背后。再沿原路线返回，两手间距保持不变（图2-2-7）。

（2）交叉绕环

两腿开立，两臂伸直，分别在身体两侧向前、向后同步连续转动（图2-2-8）。

❹ 腰功

控腰，两脚分开，两臂上举，头部和身体后仰，腰部向后弯曲，两臂随身体向后伸展，控制身体姿态，保持一定的时间（图2-2-9）。

❺ 腿功

（1）侧压腿

并步直立，一条腿抬起搭在一定高度的物体上，脚尖朝上并勾紧，身体侧躺于腿上，向下振压使后脑贴近脚尖（图2-2-10）。

（2）侧踢腿

侧向站立，两臂侧平举成立掌，右脚勾脚尖向右侧正上方踢，同时右臂屈肘回摆于左胸前成立掌，左臂直臂向上撑于头上，掌心向上，掌指向右。踢左腿时动作相同，方向相反（图2-2-11）。

图2-2-7　握棍转肩　　　　图2-2-8　交叉绕环

图2-2-9　控腰　　　　图2-2-10　侧压腿　　　　图2-2-11　侧踢腿

⑥ 段前级一级健身拳操

（1）冲拳推掌

①预备式；②左开步双冲拳；③左并步抱拳；④左开步双推掌；⑤左并步抱拳；⑥右开步双冲拳；⑦右并步抱拳；⑧右开步双推掌；⑨右并步抱拳；⑩并步直立。

（2）马步冲推

①预备式；②左马步双冲拳；③马步双沉肘；④马步双推掌；⑤并步抱拳；⑥右马步双冲拳；⑦马步双沉肘；⑧马步双推掌；⑨并步抱拳；⑩并步直立。

（二）单元学习方法

本单元的学习遵循学生学习和掌握运动技能的规律，注重观察和体验感知，引导学生达到学习目标。

❶ 观察示范学习法

学生首先观察教师上肢动作的方法、顺序和路线，其次观察下肢动作的变化，进而观察上下肢动作的协调配合时机。

❷ 体验感知学习法

教师组织学生进行动作模仿和体验，注重上下肢、左右脚配合的动作感知。

❸ 游戏比赛学习法

主要用于本单元武术基本功、基本动作和对抗的徒手动作教学，培养学生对武术的兴趣和竞争意识。

二 练

（一）练习方法设计思路

本单元练习方法的设计遵循从易到难的原则，强化练习方法的趣味性和简易操作性，提升学生对武术的认识和运动兴趣。

（二）练习与组织

❶ 单个技术练习

练法 1

【练法名称】劈掌架掌对练

【练习目的】了解动作攻防原理，掌握技术动作。

【练习方法】两人相对开步直立，甲劈掌，乙架掌，然后互换动作进行体验。

【场地器材】武术地毯或平整的场地。

【练习要求】下劈有力，上架准确及时。

【拓展建议】进行劈拳架掌攻防配合，把握架掌的时机。

练法 2

【练法名称】控腰摸纸

【练习目的】增加下腰的幅度，提升腰部柔韧性。

【练习方法】学生背向一定高度的报纸（平铺状态），身体后仰下腰，使下垂的两手触碰到报纸。

【场地器材】武术地毯或平整的场地、报纸。

【练习要求】控腰时下腰速度缓慢而平稳。

【拓展建议】可背对墙面进行下腰摸线的练习，预估自己的控腰能力。

练法 3

【练法名称】近而不碰

【练习目的】强化肩部柔韧度的练习意识。

【练习方法】学生侧身站于距墙面一定距离处进行交叉绕环的肩部练习，通过练习不断缩短身体与墙之间的距离。

【场地器材】有墙面可用的场地。

【练习要求】练习者胳膊不能碰到墙面。

【拓展建议】可以找体操垫代替墙面进行练习。

练法 4

【练法名称】坐式侧压

【练习目的】加大髋关节的活动范围，为侧踢腿打好柔韧基础。

【练习方法】学生坐于地面上，左腿弯曲且大腿内侧着地，右腿向右侧伸直，身体向右腿侧躺，头部接近脚尖并用力振压。另一侧同理。

【场地器材】柔软干净的地面。

【练习要求】伸直的腿脚尖朝上，身体侧压去接近直腿且保持正直。

【拓展建议】站立姿势侧压腿时，脚后跟搭在墙面上的高度逐渐增高，以提升髋部活动范围。

❻ 段前级一级健身拳操

❷ 组合技术练习

练法 1

【练法名称】健身拳操分解整合练习

【练习目的】循序渐进，增强学生记忆，提高健身拳操动作质量。

【练习方法】先掌握上肢动作，再配合马步进行动作的整合练习。

【场地器材】武术地毯或平整的场地、音响设备。

【练习要求】掌型正确，两臂侧平，劲力顺达，力点准确，手眼协调。

【拓展建议】比一比马步桩。

练法 2

【练法名称】跟随音乐练习

【练习目的】提高动作质量，充分体现精气神，感知武术文化。

【练习方法】学生先在教师的口令下练习动作，然后在音乐中师生一起反复练习，直到在音乐中独立完成拳操。

【场地器材】武术地毯或平整的场地、音响设备。

【练习要求】动作准确熟练且合拍，劲力顺达而有精气神。

【拓展建议】音乐中创编新颖的动作。

三 赛

（一）教学比赛设计思路

本单元教学比赛的设计以游戏化的比赛形式为主，具有趣味性和竞争性，有意识地加入武术攻防体验，培养学生顽强的意志品质，从而达到掌握武术技术的目的。

（二）教学比赛方法与组织

单个技术比赛方法

比赛 1

【比赛名称】看谁反应快

【比赛目的】提升身体平衡力与快速反应力，区分插步与盖步动作。

【比赛方法】两人一组面对面站立，当教师喊到插步或盖步时，要快速完成相应的动作。

【注意事项】中途不得改动作，动作站稳才算完成。比赛之前和结束之后要行抱拳礼。

【场地器材】武术地毯或平整的场地。

【拓展建议】说完动作名称后原地不动，听到哨响再快速完成。

比赛 2

【比赛名称】你攻我挡

【比赛目的】掌握劈掌与架掌的动作要领，了解武术的攻防含义，提升对肢体控制能力和对武术空间方位的认知感，学生敢于挑战、迎难而上，培养尊重对手的意识。

【比赛方法】两人一组，甲迅速劈掌，乙架掌格挡，每人10次机会。

【注意事项】劈掌一方用力要适中，比赛之前和结束之后要行抱拳礼。

【场地器材】武术地毯或平整的场地。

【拓展建议】进攻一方可以用海绵棒一类的器材代替，以锻炼对手的防守能力。

比赛 3

【比赛名称】极限触摸

【比赛目的】通过比赛进一步提升腰部柔韧性和控制能力。

【比赛方法】两人一组，控腰去触摸身后一定高度的报纸并坚持3秒不动，测量报纸与地面的距离，每人3次机会。

【注意事项】控腰时速度不要太快，比赛之前和结束之后要行抱拳礼。

【场地器材】武术地毯或平整的场地、报纸。

【拓展建议】学生可以自行选择挑战对象。

四 评

（一）知识技能学习评价

1. 通过手法、步法及肩腰腿功的学习，学生能了解劈拳、贯拳、劈掌、架掌、插步、盖步的动作轨迹，以及肩、腰、腿的练习方法。

2. 通过分解动作、完整组合动作的学习，学生能熟练掌握段前级一级健身拳操，有节奏地完成冲拳推掌、马步冲推组合动作演练，体现手法和步法的协调配合，动作刚劲有力的特点。

3. 学生能演示并表述劈掌、架掌动作的攻防含义，能在练习、比赛过程中对自身和同伴的动作演练予以客观评价，并能对教师及同伴的评价做出正确的反馈。

（二）体能素质锻炼评价

通过握棍转肩、交叉绕环、控腰、侧压腿的练习，肩关节灵活性增强，侧踢高度和腰后屈幅度逐渐增加。

（三）情感品格培养评价

通过控腰、侧压腿的柔韧练习，观察学生是否具有坚强的意志品质；通过劈掌、架掌攻防配合，观察学生是否具有良好的合作意识。

第二节 单元二教学策略

本单元通过学练，学生初步掌握武术的甩腰、下腰、蹬腿，以及段前级二、三级健身拳操，体会武术的精气神，提升对肢体控制能力，对武术专项能力有所认知。

单元目标

❶ 知识技能学习目标 通过学习，学生能理解武术礼仪，掌握甩腰、下腰、蹬腿及段前级健身拳操技术，增强手法变换和步法转换的能力。

❷ 体能素质锻炼目标 通过腰功、腿功等专项身体素质的练习，发展柔韧性、力量素质，增强肌肉本体感觉，提升随机应变能力。

❸ 情感品格培养目标 通过学、练、赛，学生能感悟持之以恒、勤学苦练的精神。

一 学

（一）单元学习内容

❶ 腰功

（1）甩腰

两臂伸直上举，腹部前顶，头部向后仰，上体快速后屈，头部保持后仰。快速沿原路线返回呈直立状态，循环练习（图2-2-12）。

图2-2-12 甩腰

（2）下腰

两臂伸直上举，腹部前顶，头部向后仰，上体缓慢向后弯屈，两手缓慢接触地面，四肢支撑使身体呈拱桥状，头部保持后仰（图2-2-13）。

图2-2-13　下腰

❷ 腿功

蹬腿　并步抱拳，左脚上步，右脚勾脚尖，屈膝上提前蹬，力达脚跟，高与腰齐；右脚落步，前移重心同时蹬左腿，左右腿交替进行（图2-2-14）。

❸ 段前级二级健身拳操

（1）手型变换

①预备式；②左开步双叉掌；③开步双勾手；④开步双冲拳；⑤并步抱拳；⑥右开步双叉掌；⑦开步双勾手；⑧开步双冲拳；⑨并步抱拳；⑩并步直立。

图2-2-14　蹬腿

（2）弹踢双推

①预备式；②左弓步双架掌；③勾手弹踢；④撤步双推掌；⑤并步抱拳；⑥右弓步双架掌；⑦勾手弹踢；⑧撤步双推掌；⑨并步抱拳；⑩并步直立。

❹ 段前级三级健身拳操

（1）格挡冲拳

①预备式；②左开步下插掌；③右插步格挡；④上步冲拳；⑤并步抱拳；⑥右开步下插掌；⑦左插步格挡；⑧上步冲拳；⑨并步抱拳；⑩并步直立。

（2）冲拳劈掌

①预备式；②左马步双冲拳；③提膝上拍掌；④左弓步劈掌；⑤并步抱拳；⑥右马步双冲拳；⑦提膝上拍掌；⑧右弓步劈掌；⑨并步抱拳；⑩并步直立。

（二）单元学习方法

本单元的学习遵循学生学习和掌握运动技能的规律，依据动作的难易程度进行设计，注重体现学生的体验感知和学习兴趣。

❶ 观察示范学习法

教师示范武术基本功、基本动作，引导学生认真观察动作的顺序和路线。

❷ 体验感知学习法

教师组织学生进行动作模仿和体验，注重上下肢与眼神配合的动作感知。

❸ 游戏比赛学习法

通过腰部柔韧学习与游戏比赛相融合，提高学生的学习兴趣。

二　练

（一）练习方法设计思路

本单元练习方法的设计，从激发学生习武兴趣出发，遵循从易到难的原则，强化练习方法的趣味性和简易操作性，潜移默化地强化学生的武德礼仪和规矩意识。

（二）练习与组织

❶ 单个技术练习

练法 1

【练法名称】20秒甩腰

【练习目的】增强腰部柔软度和控制力度。

【练习方法】两人相对并步直立，进行后仰甩腰。

【场地器材】武术地毯或平整的场地、软垫、秒表。

【练习要求】记录20秒内完成次数。

【拓展建议】比一比谁甩腰次数多。

练法 2

【练法名称】下腰

【练习目的】增强腰部柔软度和身体控制力度。

【练习方法】两人相对开步直立，进行后仰下腰。

【场地器材】武术地毯或平整的场地、软垫。

【练习要求】通过目测手与脚间距离，测试腰部柔软度。

【拓展建议】可尝试通过其他器材辅助进行腰功练习。

练法 3

【练法名称】蹬腿

【练习目的】掌握蹬腿动作要领，增强腿部肌肉力量。

【练习方法】面对墙壁蹬腿，左右腿交替练习。

【场地器材】武术地毯或平整的场地。

【练习要求】蹬腿高不过胸、低不过腰，脚尖勾紧，力达脚跟。

【拓展建议】可尝试借助脚靶等器材辅助蹬腿练习。

❷ 组合技术练习

练法

【练法名称】段前级健身拳操演练

【练习目的】提高健身拳操的动作质量，加强手、眼、身法、步的协调配合，增强手法变换、步法转换的能力。

【练习方法】教师领做；分别进行上肢动作和下肢动作练习；进行完整动作练习。

【场地器材】武术地毯或平整的场地。

【练习要求】动作规范，方法清晰，劲力顺达，手、眼、身法、步的配合协调。

【拓展建议】分组进行配乐练习并进行组间互评。

三 赛

（一）教学比赛设计思路

本单元教学比赛的设计从基本功法入手，通过20秒甩腰手触物体、下腰行走、20秒蹬腿的方法，磨炼学生的意志品质，培养持之以恒、勤学苦练的精神。

（二）教学比赛方法与组织

单个技术比赛方法

比赛 1

【比赛名称】20秒甩腰手触物体

【比赛目的】进一步掌握甩腰动作和应用，提高协调能力和身体控制能力，正确运用武术礼仪。

【比赛方法】两人一组，甲进行甩腰动作练习，起身后两手触摸乙肩部，记录20秒完成的次数。

【注意事项】动作要迅速，动作路线正确。比赛之前和结束之后要行抱拳礼。

【场地器材】武术地毯或平整的场地、软垫、秒表。

【拓展建议】体验甩腰的攻防。

比赛 2

【比赛名称】下腰行走

【比赛目的】进一步掌握下腰动作要领，感知持之以恒、勤学苦练的精神。

【比赛方法】在场地上将一定高度的绳子固定住，两组学生下腰行走穿越绳子接力，最先完成动作到达终点的为胜。

【注意事项】不许触碰绳子。比赛之前和结束之后要行抱拳礼。

【场地器材】武术地毯或平整的场地、绳子。

【拓展建议】用不同步型及其他动作通过不同的障碍物。

比赛 3

【比赛名称】20秒蹬腿

【比赛目的】进一步掌握蹬腿动作要领。

【比赛方法】用蹬腿动作进行蹬沙袋练习，记录20秒蹬腿次数。

【注意事项】蹬出腿高度不低于腰部。比赛之前和结束之后要行抱拳礼。

【场地器材】武术地毯或平整的场地、沙袋、秒表。

【拓展建议】延长蹬腿练习时间。

四 评

（一）知识技能学习评价

1. 通过学习，学生掌握下腰的身体平衡和蹬腿的运行轨迹，能够充分体现屈伸性腿法力达一条线的特点。

2. 通过分解动作、完整组合动作的学习，学生能够熟练完成段前级二级和三级健身拳操动作，体现上下肢的协调配合。

3. 学生能表述所学动作的动作要领，具备对自我学练、同伴的动作演练情况进行评价的能力，能对教师的评价做出正确的反馈。

（二）体能素质锻炼评价

通过甩腰与下腰动作练习，提高腰部力量与柔韧性；通过蹬腿的练习，提高腿部爆发力与单腿支撑的平衡能力。

（三）情感品格培养评价

通过20秒甩腰及下腰等动作的学、练、赛，学生养成持之以恒、勤学苦练的精神。

第三节　单元三教学策略

本单元通过学练武术的单拍脚和段位制长拳一段单练套路，学生初步掌握单拍脚和段位制长拳一段单练的动作要领，练习时强调形神的结合，动作规范、正确，形态自然。

单元目标

❶ **知识技能学习目标**　通过学习，学生能独立演练段位制长拳一段单练套路，了解动作的攻防含义，掌握单拍脚和长拳套路的动作要领。

❷ **体能素质锻炼目标**　通过单拍脚、段位制长拳一段单练套路的练习，发展柔韧性、力量、速度素质，增强肌肉本体感觉。

❸ **情感品格培养目标**　通过学、练、赛，学生进一步强化对武德礼仪和规矩意识的理解。

一　学

（一）单元学习内容

❶ 腿功

单拍脚　并步站立，左手上举，掌心向前，右手前伸，掌心向下，左脚向前上步；右脚脚面绷平向上踢摆，同时左掌心击拍右掌背，随后右掌心在额前击拍脚面（图2-2-15①②）。

图2-2-15①②　单拍脚

❷ 段位制长拳一段单练套路

（1）起势；（2）弓步冲拳；（3）马步格挡；（4）弓步劈掌；（5）跟步冲拳；（6）双峰贯耳；（7）虚步推掌；（8）马步格挡；（9）弓步冲拳；（10）弓步双架掌；（11）丁步勾手；（12）弓步闪身；（13）虚步推掌；（14）收势。

（二）单元学习方法

根据动作的难易程度，教师引导学生积极主动模仿，关注学生的体验感知。

❶ 观察示范学习法

教师组织学生进行动作模仿和体验，注重上下肢与身法、眼神配合的动作感知。

❷ 体验感知学习法

二 练

②　体验感知学习法

教师组织学生进行动作模仿和体验，注重上下肢、左右脚配合的动作感知。

二　练

（一）练习方法设计思路

本单元的练习从观看视频、口令指导、集体展示等方法入手，激发学生的练习积极性，提高学生的肌肉本体感觉，强化学生的武德礼仪和规矩意识。

（二）练习与组织

①　单个技术练习

练法

【练法名称】单拍脚

【练习目的】掌握单拍脚的动作要领。

【练习方法】根据教师口令，做抡臂击响动作；扶墙做前摆腿动作；原地单拍脚动作练习。

【场地器材】武术地毯或平整的场地。

【练习要求】收腹、立腰，踢腿高度过胸，击拍脚面要准确、响亮。

【拓展建议】行进间单拍脚练习。

②　组合技术练习

练法 1

【练法名称】段位制长拳一段组合练习

【练习目的】掌握动作要领，体会武术套路的风格特点。

【练习方法】分组合进行练习，教师示范，学生模仿学习，反复进行集体、单独练习，教师做正误对比，并现场指导点评。

【场地器材】武术地毯或平整的场地。

【练习要求】劲力顺达，动作连贯，力点准确，手法、眼神配合协调。

【拓展建议】讲解动作的攻防含义，提高学生兴趣。

练法 2

【练法名称】段位制长拳一段单练整套动作

【练习目的】掌握动作要领和攻防运用，体现演练节奏和劲力。

【练习方法】反复观看视频，进行思考和对比，重复练习。

【场地器材】武术地毯或平整的场地、多媒体教室。

【练习要求】劲力顺达，动作路线正确，力点准确，手法、眼神配合协调。

【拓展建议】推优展示，提高学生练习兴趣。

三 赛

（一）教学比赛设计思路

本单元通过小组集体比赛的方式，检验学生的演练水平，强化学生的武德礼仪和规矩意识。

（二）教学比赛方法与组织

❶ 单个技术比赛方法

比赛

【比赛名称】单拍脚比数

【比赛目的】掌握单拍脚动作要领，提升学生协调性。

【比赛方法】将学生平均分为若干组，比一比在单位时间内完成单拍脚的个数。

【注意事项】强调动作的质量。比赛之前和结束之后要行抱拳礼。

【场地器材】武术地毯或平整的场地、秒表。

【拓展建议】在比赛中可以两人对比或多人对比。

❷ 组合技术比赛方法

比赛

【比赛名称】段位制长拳一段单练套路

【比赛目的】提升学生套路演练水平，培养和强化学生的武德礼仪和规矩意识。

【比赛方法】将学生平均分为若干组，每组进行集体演练，教师根据演练情况现场评分。

【注意事项】动作连贯，发力顺达，意、气、力相合。比赛之前和结束之后要
行抱拳礼。

【场地器材】武术地毯或平整的场地。

【拓展建议】对学生的演练视频进行回放，师生共同分析，不断提高动作质量。

四 评

（一）知识技能学习评价

1. 通过学习单拍脚，学生能掌握动作要领，体现腿部柔韧、力量与速度的综合素质。

2. 通过对段位制长拳一段单练套路分解动作、完整组合动作的学习，学生能够正确完成套路的演练，了解动作的攻防含义，体现手、眼、身法、步的配合。

3. 学生能表述所学动作的动作要领，能对自己和同伴的动作规格予以客观评价。

（二）体能素质锻炼评价

通过段位制长拳一段单练套路的练习，学生的四肢协调、腿部力量及动作速度素质得到提升。

（三）情感品格培养评价

通过学、练、赛，学生能对武德礼仪有一定理解。

第四节　单元四教学策略

本单元通过学练段位制长拳一段对打套路、摆拳和接触性格挡防守，培养学生攻防意识，使其认识武术攻防的应用价值。

🎯 单元目标

❶ **知识技能学习目标** 通过学习，学生能熟练掌握段位制长拳一段对打套路、摆拳和接触性格挡防守的动作要领，体会攻防含义和运用方法。

❷ **体能素质锻炼目标** 通过素质练习，发展反应、灵敏度、力量等身体素质，增强肌肉本体感觉。

❸ **情感品格培养目标** 通过学、练、赛，学生能感悟合作的重要性，增强良好的合作意识。

一 学

（一）单元学习内容

❶ 段位制长拳一段对打套路

（1）甲、乙起势；（2）甲弓步冲拳，乙马步格挡；（3）乙弓步冲拳，甲马步格挡；（4）甲弓步劈掌，乙弓步双架掌；（5）甲跟步冲拳，乙丁步勾手；（6）甲双峰贯耳，乙弓步闪身；（7）甲虚步护身掌，乙虚步护身掌；（8）甲、乙收势。

❷ 摆拳

格斗姿势　侧身站立，两脚前后与肩同宽，双腿微屈，左脚在前，右脚在后，两脚脚后跟微微抬起，前脚掌着地，身体重心在两腿之间。含胸、收腹，两臂自然弯曲，左拳提起与鼻尖平行，右拳位于脸颊处，两肘自然下垂，右肘贴肋，下颌微收，闭嘴合齿，目视前方。

左摆拳　由格斗姿势开始，左腿蹬地，向右转胯，扭腰，送肩，挥臂，大臂与小臂抬平向身体右前方画弧线击打。出拳时拳心向下，目视前方，击打后还原成格斗姿势。

右摆拳　由格斗姿势开始，右腿蹬地，向左转胯，扭腰，送肩，挥臂，大臂与小臂抬平向身体左前方画弧线击打。出拳时拳心向下，目视前方，击打后还原成格斗姿势（图2-2-16①—③）。

❸ 接触性格挡防守

两人面对面以格斗姿势站立，进攻方出左摆拳击打对方头部右侧，防守方抬右臂护头进行格挡；进攻方出右摆拳击打对方头部左侧，防守方抬左臂护头进行格挡（图2-2-17）。

图2-2-16①—③　摆拳　　　　图2-2-17　接触性格挡防守

（二）单元学习方法

本单元武术学习从攻防配合练习入手，体会攻防技术的运用，增强学生的合作意识。

① 观察示范学习法

教师示范段位制长拳一段对打动作，让学生通过观察、模仿进行学习。

② 体验感知学习法

教师组织学生分组进行对打动作模仿和体验，使其注重感知合理的攻防距离。

二 练

（一）练习方法设计思路

本单元的练习从培养学生的攻防配合与合作意识入手，充分利用简单易操作的器材和用具，提高学生的预判能力和反应速度。

（二）练习与组织

① 单个技术练习

练法 1

【练法名称】弓步劈掌

【练习目的】进一步掌握弓步劈掌手法的动作和应用，感悟武术勇猛顽强的特点。

【练习方法】两人一组，乙手拿一张报纸展开，甲弓步劈掌击破。

【场地器材】武术地毯或平整的场地、报纸。

【练习要求】劈掌手型正确，方法清楚，劲力充足顺达，拧腰、顺肩协调，力点准确。

【拓展建议】尝试将报纸对折一次、两次、三次，以此增加报纸的厚度，由易到难。

练法 2

【练法名称】跟步冲拳

【练习目的】加深学生对跟步冲拳的理解和体验。

【练习方法】引导学生做出跟步冲拳动作，直击拳击球球体中间。跟步左冲拳后衔接跟步右冲拳，连做10次。

【场地器材】武术地毯或平整的场地、拳击球。

【练习要求】将一套拳击球放在指定的位置，学生距离拳击球大约50厘米，听到教师口令后开始做跟步冲拳动作。

【拓展建议】引导学生做出双峰贯耳动作，直击拳击球两侧。

练法
3

【练法名称】 弓步双架掌

【练习目的】 增强对弓步双架掌的理解和体验,提高防守意识和反应速度。

【练习方法】 两人一组,甲手拿充气棒做劈棍动作,乙在充气棒劈下来的同时做出弓步双架掌的防守动作。连做5次,交替进行。

【场地器材】 武术地毯或平整的场地、充气棒。

【练习要求】 甲下劈动作力量要适中,乙防守上架动作要及时准确。

【拓展建议】 逐渐加快劈充气棒的速度。

练法
4

【练法名称】 弓步闪身

【练习目的】 增进学生对弓步闪身的理解和体验,提高反应速度。

【练习方法】 两人一组,甲手拿充气棒做劈棍动作,乙在充气棒劈下来的同时做出弓步闪身动作。连做5次,交替进行。

【场地器材】 武术地毯或平整的场地、充气棒。

【练习要求】 甲下劈动作由慢逐渐加快,乙的弓步闪身动作要快速敏捷。

【拓展建议】 加强从左弓步闪身到右弓步闪身的过渡与衔接。

练法
5

【练法名称】 接触性格挡防守

【练习目的】 掌握接触性格挡防守的动作要领,提高攻防意识和反应速度。

【练习方法】 甲乙面对面以格斗姿势站立,甲出左摆拳击打乙头部右侧,乙抬右臂护头进行格挡;甲出右摆拳击打乙头部左侧,乙迅速抬左臂护头进行格挡。然后互换角色进行攻防练习。

【场地器材】 武术地毯或平整的场地、手靶、拳套。

【练习要求】 格斗式姿势正确,能快速预判并进行格挡防守,两手护住头部,肘部下垂护住上体躯干,身形稳定,保持重心,有较强的攻防意识。

【拓展建议】 由单个拳格挡到前后拳格挡,速度由慢到快,逐渐增加难度。

❷ 组合技术练习

练法 1

【练法名称】丁步勾手—虚步推掌

【练习目的】掌握丁步勾手与虚步推掌的动作衔接要领。

【练习方法】两人一组，乙将充气棒刺向甲，甲用勾手外挂化解充气棒的攻势并随之做出虚步推掌的动作。连做3次，交替进行。

【场地器材】武术地毯或平整的场地、充气棒。

【练习要求】甲直刺动作逐渐加速，乙勾挂动作迅捷有力。

【拓展建议】尝试左右勾手外挂的运用。

练法 2

【练法名称】弓步劈掌—跟步冲拳

【练习目的】掌握弓步劈掌衔接跟步冲拳动作的应用，感悟合作的重要性。

【练习方法】两人一组，乙手拿一张报纸展开，甲做完弓步劈掌后紧接着跟步冲拳。

【场地器材】武术地毯或平整的场地、报纸。

【练习要求】劈掌、冲拳手型正确，方法清楚，劲力充足顺达，拧腰、顺肩协调，力点准确。

【拓展建议】尝试将报纸对折一次、两次、三次，以此增加报纸的厚度，由易到难，循序渐进。

练法 3

【练法名称】马步格挡—弓步冲拳

【练习目的】进一步掌握马步格挡衔接弓步冲拳动作的攻防应用。

【练习方法】两人一组，乙手拿充气棒劈向甲，甲马步格挡动作要迅速，弓步冲拳发力干脆利索，目标要准确。

【场地器材】武术地毯或平整的场地、充气棒。

【练习要求】格挡、冲拳手型正确，方法清楚，劲力充足顺达，拧腰、顺肩协调，力点准确。

【拓展建议】加快劈充气棒的速度。

三 赛

（一）教学比赛设计思路

本单元教学比赛的设计从培养学生的攻防配合与合作意识入手，通过打沙袋、格挡之王、段位制长拳一段创编赛，提高学生的攻防配合意识和反应能力，增强合作意识。

（二）教学比赛方法与组织

❶ 单个技术比赛方法

比赛 1

【比赛名称】打沙袋

【比赛目的】提升学生上下肢协调性以及出拳力量。

【比赛方法】将学生平均分为两组，每组一个悬挂沙袋，比赛开始后每人5次左摆拳，5次右摆拳。最先完成动作的一组为胜。

【注意事项】摆拳时要注意蹬地、转腰，体会力传送的连贯性。比赛之前和结束之后要行抱拳礼。

【场地器材】悬挂沙袋、散打拳套。

【拓展建议】练习过程中增加脚步的变换，设有假想敌，每一拳打完要衔接躲闪动作。

比赛 2

【比赛名称】格挡之王

【比赛目的】提高学生的灵敏性。

【比赛方法】两人一组，甲进攻摆拳，乙防御性格挡，每人10次，10次完成后变换角色。

【注意事项】反应迅速，预判准确，格挡幅度小而有力。比赛之前和结束之后要行抱拳礼。

【场地器材】武术地毯或平整的场地。

【拓展建议】引导学生说出动作的攻防含义。

❷ 组合技术比赛方法

比赛

【比赛名称】段位制长拳一段攻防创编赛

【比赛目的】提高学生的创造力。

【比赛方法】10人一组，互相拆招，找到攻防点并进行展示，师生共同评判。

【注意事项】创编动作合理，反应要迅速，拳型正确，格挡要准确。比赛之前和结束之后要行抱拳礼。

【场地器材】武术地毯或平整的场地。

【拓展建议】引导学生说出动作的攻防含义。

四 评

（一）知识技能学习评价

1. 通过对摆拳和接触性格挡防守动作的学习，学生能初步掌握格斗技术的用法，完成攻防对打配合练习；摆拳动作能充分体现拧腰发力，以腰带臂发力的特点。

2. 通过两人配合练习，学生能熟练完成段位制长拳一段对打套路动作，了解动作的攻防含义，攻防转换配合协调。

3. 学生能表述所学动作的练习方法，熟知该单元的技术要求，达到武术运动能力等级二级达标考核标准。

（二）体能素质锻炼评价

通过打沙袋、格挡配合等练习，学生的速度、力量、灵敏素质和应激反应能力得到有效增强。

（三）情感品格培养评价

通过本单元的学、练、赛，学生磨炼了意志，攻防配合意识和合作意识增强。

第三章 | 武术模块三教学策略

模块三共分为四个单元，内容以屈伸性腿法、段位制长拳二段单练以及对打和拆招、接触性拍挡防守技术学习为主。建议36课时完成。

本模块的教学设计依据学、练、赛、评的思路，从夯实学生的基本技术入手，通过观察模仿、体验感知、竞速比做、动作拆解、目标辅助、拆招配合等学、练方法，使学生正确掌握动作要领，具备快速反应能力和一定的攻防配合能力。通过个人、小组、集体比赛的形式，引入部分学生担任裁判工作，培养学生的竞争意识、自主学习意识和坚韧不拔的意志品质。

第一节 单元一教学策略

本单元通过学练侧踹、鞭腿、提膝独立及仆步抡拍等动作，使学生初步掌握武术基本功和基本动作，体会武术的精气神，引导学生树立自信心，为今后的武术教学打下坚实基础。

🎯 单元目标

❶ **知识技能学习目标** 通过学习，学生能了解武术的发展历程，掌握侧踹、鞭腿、提膝独立及仆步抡拍的动作要领，体悟动作的攻防内涵。

❷ **体能素质锻炼目标** 通过素质练习，发展协调性、柔韧性、灵敏素质，提升对肢体的控制能力。

❸ **情感品格培养目标** 通过学、练、赛，学生能树立自信心，具有团队合作精神和竞争意识。

一 学

（一）单元学习内容

① 腿功

（1）侧踹　支撑腿直立或稍屈，脚尖外展；另一腿屈膝提起，大小腿折叠，脚尖勾紧，大腿推动小腿由屈到伸挺膝踹出，上体侧倾（图2-3-1）。

（2）鞭腿　支撑腿直立或稍屈，脚尖外展；另一腿屈膝提起，脚面绷平，以大腿带动小腿弧形摆动，向前鞭打，力达脚背及小腿外侧（图2-3-2）。

图2-3-1　侧踹　　　　　　　　　　　图2-3-2　鞭腿

② 平衡

提膝独立　一腿直立支撑，另一腿屈膝提起，大腿尽量贴近胸部，小腿内扣，脚面绷平（图2-3-3）。

③ 仆步抡拍

两脚开立，两臂侧平举。左转腰，同时右臂从下向左抡臂，掌心向里，掌指向前。身体右转，右臂经过头上向右侧抡臂，左臂侧平举；身体继续右转，左臂由左侧经头上抡至右侧时，右臂贴近右大腿外侧向右后方抡臂，经头上在身体左转后成右仆步拍地。左右方向交替进行，动作相同，方向相反。抡臂要贴身立圆（图2-3-4①—③）。

图2-3-3　提膝独立　　　　　　　图2-3-4①—③　仆步抡拍

④ 鞭腿—侧踹组合

并步直立，上右脚，身体右转，右脚尖外展；左脚提起，脚面绷平，大腿带动小腿弧形向前鞭打，力达脚背及小腿前侧；右臂屈肘上摆，左臂伸直，目视鞭腿方向。左脚落于身体左侧，身体左转，右膝提起，向前挺膝踹出；右手变勾手摆至体后，左手摆至头上亮掌，身体自然倾斜，目视踹腿方向（图2-3-5①②）。

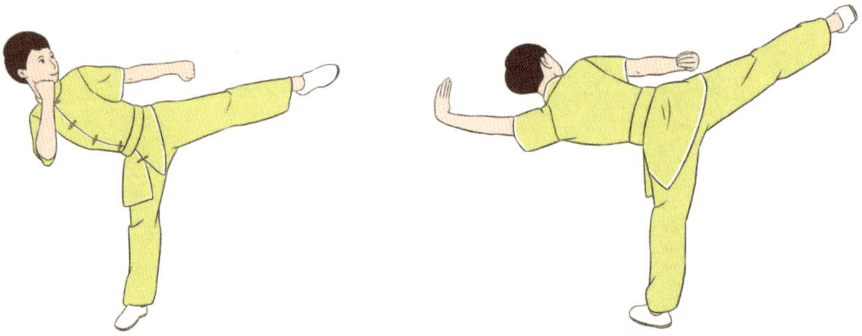

图2-3-5①② 鞭腿—侧踹组合

（二）单元学习方法

本单元学习以正确掌握屈伸性腿法、平衡动作的技能和知识为中心，注重引导学生带着问题进行模仿练习、体验动作，激发学生的竞争意识，积极促进学习目标的达成。

❶ 观察学习法

教师利用多媒体或者图片，引导学生通过观察动作的方法、顺序和路线，建立正确的动作表象。

❷ 竞赛学习法

教师组织学生进行侧踹、鞭腿及提膝独立的个人比赛和小组积分赛，激发主动学习的斗志。

二 练

（一）练习方法设计思路

本单元练习从引导学生进行模仿练习入手，融入攻防技击演练，要求动作规范、用力顺达，循序渐进，逐步达到学习目标。

（二）练习与组织

❶ 单个技术练习

练法 1

【练法名称】鞭腿、侧踹

【练习目的】掌握动作要领，感知发力点及发力顺序。

【练习方法】设定不同高度的假想目标，分别进行鞭腿和侧踹的练习；结合攻防意识，练习踢固定靶位。

【场地器材】武术地毯或平整的场地。

【练习要求】动作正确，力点准确，发力顺达，目视出腿方向。

【拓展建议】两人一组进行攻防配合练习。

练法 2

【练法名称】站如松

【练习目的】提高平衡能力，体会形神兼备的内涵，引导学生感知天人合一的武术文化特点。

【练习方法】一腿屈膝提起，两手抱膝，静止3秒；一腿提膝独立，静止3秒。左右腿交替进行。

【场地器材】武术地毯或平整的场地。

【练习要求】支撑脚五趾抓地，膝高提，头上顶，做到静心、专注。

【拓展建议】平衡时间延长至4秒、5秒，也可结合上肢动作，如提膝亮掌、提膝双推掌等动作，增加动作难度，提高平衡能力和核心控制能力。

练法 3

【练法名称】仆步抡拍

【练习目的】掌握动作要领，发展身体的协调性、灵活性和肩关节的柔韧性。

【练习方法】进行上肢的转腰抡臂练习；在熟练动作的基础上进行完整动作的练习，速度由慢逐渐加快。

【场地器材】武术地毯或平整的场地。

【练习要求】抡拍要贴身立圆。

【拓展建议】尝试左右两个方向的仆步抡拍动作。

❷ 组合技术练习

练法	【练法名称】鞭腿—侧踹组合
	【练习目的】体会不同腿法的出腿路线和发力点，明确技击含义，体悟动作的攻防内涵。
	【练习方法】原地进行左鞭腿、右侧踹练习；甲乙进行攻防配合练习，甲左鞭腿向乙头部鞭打，乙两手变掌向前推拦甲鞭腿。甲右腿向乙胸前侧踹，乙迅速撤步躲闪。甲用左低鞭腿佯装击打乙大腿，诱导乙防守，然后甲左腿迅速落地支撑地面，右腿侧踹腿进攻乙上体；乙快速预判，及时撤步躲闪。
	【场地器材】武术地毯或平整的场地。
	【练习要求】挺膝展髋，鞭打有力，力达脚背及小腿前侧；屈膝、大小腿折叠直线踹出，力达脚跟。甲左低鞭腿要逼真，能够诱骗到乙；乙预判要准确，撤步要及时。
	【拓展建议】连环腿练习。如3次鞭腿—侧踹组合，或者1次鞭腿—侧踹组合，连续循环练习。

三 赛

（一）教学比赛设计思路

本单元教学以基础技术教学为主，旨在夯实基本功，为下一步的武术教学奠定基础。比赛规则的设计简单、易操作，难度适中，既给学生提供展示技艺的舞台，又能通过比赛发现他人优点，正视自身不足，取长补短，有利于更好地掌握教学内容。

（二）教学比赛方法与组织

❶ 单个技术比赛方法

比赛 1	【比赛名称】10秒鞭腿—侧踹击物
	【比赛目的】进一步掌握动作要领，学会攻防应用。培养敢于挑战的意志品质。
	【比赛方法】记录10秒内鞭腿—踹腿踢中脚靶的次数。

【注意事项】动作的规范性和用力技巧；比赛之前和结束之后要行抱拳礼。

【场地器材】武术地毯或平整的场地、秒表、脚靶。

【拓展建议】可以采用沙袋或者移动靶练习，提高快速反应能力和攻防意识。

比赛 2

【比赛名称】纹丝不动

【比赛目的】提高平衡能力，帮助学生树立自信心。

【比赛方法】将学生平均分组，听到口令，每组同学迅速抱拳提膝独立，身体晃动、跳动、提起腿大腿低于水平的被淘汰。计时20秒，保持纹丝不动人数多的小组获胜。

【注意事项】注意力专注，头上顶，立腰，提起腿大腿不能低于水平；比赛之前和结束之后要行抱拳礼。

【场地器材】武术地毯或平整的场地、秒表。

【拓展建议】左右两腿交替练习；尝试其他平衡动作，如燕式平衡等。

比赛 3

【比赛名称】仆步抡拍

【比赛目的】发展身体协调性、灵活性，培养正确的竞争意识。

【比赛方法】两人一组，听到口令，进行左右仆步抡拍动作，10秒内完成个数多的为胜。

【注意事项】抡拍必须成仆步且抡拍掌拍击地面为一个完整动作，计数一次；比赛之前和结束之后要行抱拳礼。

【场地器材】武术地毯或平整的场地、秒表。

【拓展建议】增加练习时间为20秒。

❷ 组合技术比赛方法

比赛

【比赛名称】鞭腿、侧踹攻防创编赛

【比赛目的】强化鞭腿—侧踹动作要领，体会动作攻防含义，感悟实战中的应用。培养团结合作精神和敢于挑战的意志品质。

【比赛方法】甲乙两队根据所学鞭腿—侧踹组合动作，结合教师讲解的单个动作的攻防含义，创编一组进攻和防守动作。创编完成后甲乙两队分别选一组同学代表展示，教师和同学进行讨论，做出评价。

【注意事项】在规定时间内完成创编，动作规范，设计合理，注意动作的安全性；比赛之前和结束之后要行抱拳礼。

【场地器材】武术地毯或平整的场地。

【拓展建议】分成多个小组进行创编，每组4—5人即可，使更多的学生可以为自己的创意发声，提高参与度。

四 评

（一）知识技能学习评价

1. 通过对侧踹、鞭腿动作的学习，学生能了解两种屈伸性腿法的运行轨迹，熟练掌握鞭腿—侧踹组合，理解动作的攻防含义。

2. 通过提膝独立、仆步抡拍动作的学习，学生能提高平衡能力；仆步抡拍动作能够充分体现以腰带臂，抡臂立圆的特点。

3. 学生能掌握和表述所学动作的动作要领和练习方法，能在练习、比赛过程中，对自身和同伴的动作规格、演练水平予以客观评价，并能对教师及同伴的评价做出正确的反馈。

（二）体能素质锻炼评价

通过侧踹—鞭腿组合以及踢靶练习，学生出腿的高度和力度逐渐增加，腿部柔韧性和髋关节灵活度增强；通过提膝独立动作的练习，学生平衡能力和核心控制力逐渐增强。

（三）情感品格培养评价

通过10秒鞭腿和侧踹击物、仆步抡拍比速度、提膝独立计时赛等方法，学生具备良好的合作精神、竞争意识和坚持不懈的品质。

第二节　单元二教学策略

本单元通过教学腾空飞脚、侧手翻、跃步劈掌、搂手勾踢动作，使学生掌握武术跳跃动作和基本组合动作技术，培养学生勇猛顽强的意志品质。

单元目标

1 **知识技能学习目标** 通过学习，学生能了解武术套路的基本知识，掌握腾空飞脚、侧手翻、跃步劈掌、搂手勾踢的基本技术。

2 **体能素质锻炼目标** 通过抡臂、冲拳、拍脚以及踢腿等专项身体素质的练习，发展协调性、柔韧性、灵敏素质。

3 **情感品格培养目标** 通过学、练、赛，学生具有勇猛顽强的意志品质。

一 学

（一）单元学习内容

1 **跳跃**

腾空飞脚　并步直立，右脚上步蹬地起跳，左腿提膝高抬，身体腾空跃起；右臂前上抡带，右掌背与左掌心在前额上方击响；右腿迅速向前上方摆起，右掌快速击拍右脚面，左手摆至体侧变勾手；两脚依次（或同时）落地（图2-3-6）。

图2-3-6　腾空飞脚

2 **侧手翻**

并步直立，左脚上步，上体前俯，左右手依次扶地，直臂支撑身体。右腿直腿上摆，身体向前翻转，左腿随身体翻转向上直腿摆起，两腿空中分开。身体转动，中间不停顿，右、左脚依次向前落地，身体直立；两臂随身体翻转至体侧，目视右手方向（图2-3-7）。

3 **跃步劈掌**

并步直立，身体微左转，左脚蹬地，右膝提起，右脚向前迈出，身体腾空，两拳变掌抡摆，目视左掌方向。右脚前落，左脚随之落于右脚前，右腿蹬直成左弓步，右掌向前抡劈，力达掌外沿；左掌变拳收抱腰间，拳心朝上，目视前方（图2-3-8①—③）。

图2-3-7　侧手翻

图2-3-8①—③　跃步劈掌

④ 搂手勾踢

并步直立，身体左转，两掌于体前交叉，右掌在外，目视两掌。右脚尖勾紧向前、向上勾踢；两掌内旋向下拍压后，顺势变勾手搂摆至体后，勾尖朝上，目视右前方（图2-3-9①②）。

图2-3-9①② 搂手勾踢

（二）单元学习方法

本单元依据学习内容，重点让学生观察和模仿跳跃动作的蹬地起跳与摆腿，帮助学生达到学习目标。

① 观察示范学习法

教师示范武术跳跃动作、基本动作，学生通过观察、模仿进行学习，重点观察和模仿腾空飞脚和侧手翻动作的起跳腿和摆动腿动作。

② 体验感知学习法

教师组织学生进行动作模仿和体验，注重让学生体验跳跃过程中对肢体动作的控制。

二 练

（一）练习方法设计思路

本单元练习方法的设计以提高协调性为主，通过竞速比做、动作拆解、目标辅助等丰富多样的方法，激发学生的练习积极性，提高学生对武术空间方位的认知感，掌握武术基本功、基本动作的动作要领。

（二）练习与组织

① 单个技术练习

练法 1

【练法名称】右抡臂击掌

【练习目的】掌握腾空飞脚的抡臂动作要领。

【练习方法】两人面对面站立，间距1.5米；左臂侧上举，掌心向前，右臂前举，掌心向下；根据口令右臂由后向前上抡带，右掌背与左掌心在前额上方击响，进行抡臂击掌动作练习。

【场地器材】武术地毯或平整的场地。

【练习要求】反应迅速，击拍连贯响亮。

【拓展建议】在规定时间内连续进行抡臂击掌动作。

练法 2

【练法名称】10秒左俯身举放球

【练习目的】掌握侧手翻的引臂动作要领。

【练习方法】学生开步站立，两手从身体左侧拿起实心球上举后再放于左侧。记录10秒钟内完成的次数。

【场地器材】武术地毯或平整的场地、实心球、秒表。

【练习要求】实心球不允许脱离两手。

【拓展建议】尝试左腿支撑右脚腾空的练习控制。

练法 3

【练法名称】换步拍脚

【练习目的】掌握拍脚的动作要领。

【练习方法】两人面对面站立，听到口令依次进行左右拍脚练习。

【场地器材】武术地毯或平整的场地。

【练习要求】击拍响亮，左右换步协调。

【拓展建议】逐步加快练习速度和增强力度。

练法 4

【练法名称】扶杠上摆腿

【练习目的】提高学生的摆腿速度，为正确掌握侧手翻上摆腿动作奠定基础。

【练习方法】两手扶杠，身体前俯做单腿上摆动作。

【场地器材】武术地毯或平整的场地、压腿杠。

【练习要求】支撑腿和摆动腿伸直，摆动腿要高于身体。

【拓展建议】双腿依次摆腿衔接。

练法 5

【练法名称】勾踢腿

【练习目的】掌握勾踢腿动作要领，增强肌肉控制能力，培养勇猛顽强的品质。

【练习方法】摆动腿由屈到伸，劲力顺达，出腿协调，力点准确。

【场地器材】武术地毯或平整的场地。

【练习要求】练习前需要压腿、拉伸韧带，循序渐进，防止肌肉拉伤。

【拓展建议】两人一组，一人持手靶作为目标，将其放置于与膝同高的位置，另一人进行由屈到伸勾踢目标手靶的动作练习。

❷ 组合技术练习

练法

【练法名称】行进间腾空飞脚

【练习目的】增强学生下肢力量和灵活性，进一步掌握腾空飞脚动作要领。

【练习方法】右腿单拍脚练习；原地右腿蹬地起跳练习；行进间左腿屈膝前提，右腿蹬地跳起，两臂上摆；行进间腾空飞脚练习。

【场地器材】武术地毯或平整的场地。

【练习要求】右脚蹬地有力，腾空要高，击拍连接紧密，声音响亮。助跑、蹬地连贯流畅。

【拓展建议】可结合上步连续完成多个腾空飞脚动作。

三 赛

（一）教学比赛设计思路

本单元教学比赛通过接力赛、步型变换抢物、侧手翻跳高等方法，提高学生的技术水平，培养学生勇猛顽强的意志品质。

（二）教学比赛方法与组织

❶ 单个技术比赛方法

比赛 1

【比赛名称】摆腿提膝纵跳接力

【比赛目的】进一步掌握腾空飞脚衔接的动作要领，提升动作协调性，培养勇猛顽强的品质。

【比赛方法】分为两组，做行进间的摆腿提膝纵跳，到达目标位置后折返回起点，与下一人击掌接力，最先完成动作的一组为胜。

【注意事项】摆腿提膝纵跳要连贯，比赛之前和结束之后要行抱拳礼。

【场地器材】武术地毯或平整的场地。

【拓展建议】设置一定高度的标志物，完成摆腿提膝纵跳时尽力用头触及标志物。

比赛 2

【比赛名称】侧手翻跳高

【比赛目的】进一步掌握侧手翻时的腿部摆动动作，提高上下肢协调配合能力。

【比赛方法】将跳高横杆换成橡皮筋，学生从橡皮筋一侧做侧手翻，腿部高过并压住橡皮筋直至从橡皮筋另一侧落地为完成动作，橡皮筋从50厘米高度起跳，每次增加5厘米高度，决出前三名。

【注意事项】直腿上摆，两腿空中分开，脚面绷平，落地平稳。

【场地器材】武术地毯或平整的场地、橡皮筋、跳高架。

【拓展建议】尝试腾空飞脚跳高比赛。

❷ 组合技术比赛方法

比赛

【比赛名称】弓步、仆步变换抢物

【比赛目的】进一步掌握弓步、仆步动作要领，感悟弓步、仆步的攻防应用。

【比赛方法】两人面对面成左仆步，利用弓步、仆步的转换快速抢夺中间的物品。

【注意事项】注意用力适度，防止受伤。比赛之前和结束之后要行抱拳礼。

【场地器材】武术地毯或平整的场地、物品。

【拓展建议】可以尝试相反方向的比赛。

四 评

（一）知识技能学习评价

1. 通过腾空飞脚、侧手翻动作的学习，学生的助跑起跳、提膝、摆腿连贯紧凑，蹬地起跳充分，击拍响亮；侧手翻动作摆腿迅速。

2. 通过跃步劈掌、搂手勾踢动作的学习，学生能熟练掌握跃步与劈掌、搂手勾踢的上下肢协调配合，肢体控制能力得到有效增强。

3. 学生能掌握和表述所学动作的动作要领和练习方法，能够对同伴的动作规格予以客观评价。

（二）体能素质锻炼评价

通过右抡臂击掌、左俯身举放球练习，学生上肢力量和肌肉控制能力逐步增强；通过换步拍脚、腾空飞脚、勾踢腿练习，学生下肢力量和灵活性得到提升。

（三）情感品格培养评价

通过摆腿纵跳接力，弓步、仆步变换抢物等比赛，学生具备良好的合作精神和勇猛顽强的意志品质。

第三节　单元三教学策略

本单元内容以长拳中的单个动作、组合和段位制长拳二段单练套路为主。通过学、练、赛、评的思路，层层递进，促进武术教学的开展。

单元目标

❶ **知识技能学习目标**　通过学习，学生能了解武术长拳的基本特点，掌握段位制长拳二段单练套路的基本技术，具有一定的攻防配合意识。

❷ **体能素质锻炼目标**　通过专项身体素质的练习，发展柔韧性、力量、速度素质，提高灵活性和反应能力。

❸ **情感品格培养目标**　通过学、练、赛，学生具有自主学习意识和坚韧不拔的意志品质。

一　学

（一）单元学习内容

❶ 步型

丁步　并步直立，两腿屈膝半蹲，左脚全脚着地，右脚脚尖点地，右脚面绷直贴于左脚脚弓处，重心落于左腿，为右丁步（图2-3-10）。

图2-3-10　丁步

❷ 手法

反劈拳　左手变掌，由上画弧向前按掌，掌心斜朝下，右手变拳经腰间向前劈出，高与肩平，左掌置于右肘下，目视右拳方向（图2-3-11）。

❸ 搂手勾踢—弓步反劈拳组合

脚尖要贴紧地面，左勾手变掌，由上画弧向前按掌，右勾手变拳经腰间向前劈出，高与肩平；右脚前落成右弓步，左掌置于右肘下；目视右拳方向（图2-3-12①②）。

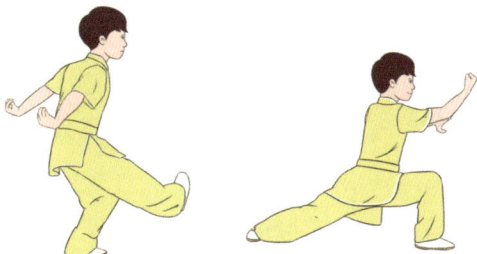

図2-3-11　反劈拳　　　　　図2-3-12①②　搂手勾踢—弓步反劈拳组合

❹ 丁步勾手亮掌—抡挂臂—弓步外格—虚步推掌

右脚收至左脚内侧成右丁步；右手变勾手摆至身后，勾尖朝上；左掌摆至头上方亮掌，目视右前方。

左脚退步，右脚收至左脚内侧，前脚掌着地。左臂由上向前向下抡臂，同时，右勾手变掌，由下向后抡臂至体前与肩平时，右掌变拳，向下挂于腹前，左掌附于右小臂内侧。

右脚向右上步成右弓步，右拳于体前画弧向前、向外格挡，拳心朝上，左掌按于右肘下方，拳心朝下，目视格挡方向。

右脚并于左脚侧，左脚前伸成虚步推掌（图2-3-13①—④）。

图2-3-13①—④　丁步勾手亮掌—抡挂臂—弓步外格—虚步推掌

⑤ 段位制长拳二段单练套路

（1）预备式；（2）起势；（3）跃步劈掌；（4）马步架冲拳；（5）提膝亮掌；（6）弓步架掌；（7）右蹬腿；（8）勾手侧踹；（9）弓步插掌；（10）虚步推掌；（11）弓步架拳；（12）马步按掌；（13）搂手勾踢；（14）弓步反劈拳；（15）丁步勾手亮掌；（16）抡挂臂；（17）弓步外格；（18）虚步推掌；（19）收势。

（二）单元学习方法

本单元的学习，引导学生观察和模仿上下肢的协调配合，有利于逐步提升学生的技术水平。

❶ 观察示范学习法

教师讲解示范武术动作，学生通过观察、模仿进行学习，重点模仿搂手勾踢动作。

❷ 体验感知学习法

教师组织学生进行动作模仿和体验，注重让学生体验段位制长拳二段的动作运动轨迹和动作路线、方向的变化，体验动作的连贯性。

二 练

（一）练习方法设计思路

本单元练习方法的设计，强化练习方法的有效性，利用丰富多样的练习方法，提高学生的肌肉本体感觉和对武术的认知感，掌握武术的动作要领。

（二）练习与组织

❶ 单个技术练习

练法 1

【练法名称】丁步

【练习目的】掌握丁步的动作要领。

【练习方法】教师慢速领做；学生根据教师口令进行丁步动作练习；连续进行丁步动作练习。

【场地器材】武术地毯或平整的场地。

【练习要求】挺胸、塌腰，反应快速。

【拓展建议】进行左右丁步动作练习。

练法 2

【练法名称】拉动弹力绳体悟反劈拳

【练习目的】掌握反劈拳动作要领。

【练习方法】两人一组，各握住弹力绳两端，甲练习，乙固定弹力绳，根据教师要求，练习者握紧弹力绳，做出反劈拳动作，体悟反劈拳的动作发力点。

【场地器材】武术地毯或平整的场地、弹力绳。

【练习要求】练习时，同伴适当地给练习者制造反方向的拉力。

【拓展建议】尝试不同的练习方法。

❷ 组合动作练习

练法 1

【练法名称】10秒蹬腿—侧踹组合

【练习目的】增进学生下肢力量、速度和灵敏性，掌握蹬腿—侧踹组合动作要领和攻防运用。

【练习方法】依次进行蹬腿—侧踹组合动作演练，记录10秒内完成的次数，并现场评分。

【场地器材】武术地毯或平整的场地、秒表。

【练习要求】动作正确，腿法迅速，劲力充足，动作连贯，力点准确，身体配合协调。

【拓展建议】利用蹬腿、侧踹创编新颖组合。

练法 2

【练法名称】段位制长拳二段单练套路

【练习目的】掌握动作要领，提升学生演练水平。

【练习方法】分小节进行组合练习；完整套路动作练习，师评、生生互评。

【场地器材】武术地毯或平整的场地。

【练习要求】动作正确连贯，劲力顺达，节奏鲜明。

【拓展建议】分组自主练习完整套路，组间互评。

三 赛

（一）教学比赛设计思路

本单元教学比赛的设计，通过定量和定性比赛相结合的方式，提高学生下肢力量和灵活性，提升演练水平，磨炼学生坚韧不拔的意志品质。

（二）教学比赛方法与组织

❶ 单个技术比赛方法

比赛 1

【比赛名称】左右丁步交换跳

【比赛目的】掌握丁步动作要领，提升学生下肢力量和灵活性。

【比赛方法】根据教师口令进行左右丁步交换跳，20秒内完成次数多的为胜。

【注意事项】动作规范，按规则执行。比赛之前和结束之后要行抱拳礼。

【场地器材】武术地毯或平整的场地、秒表。

【拓展建议】尝试多种反应与速度练习的方式。

比赛 2

【比赛名称】比一比反劈拳的准确度

【比赛目的】提高反劈拳动作的攻防应用能力，磨炼学生的意志品质。

【比赛方法】在墙面设定标记，两人一组，乙负责盯准标记点，甲做出反劈拳动作，拳的落点和标记点高度相同为完成一次，记录20秒内完成的次数。完成的次数多者胜。

【注意事项】反应要迅速，拳型正确，动作协调，力点准确。比赛之前和结束之后要行抱拳礼。

【场地器材】有墙面可用的场地、秒表。

【拓展建议】引导学生说出动作的攻防含义。

❷ 组合技术比赛方法

比赛
1

【比赛名称】比一比蹬腿—侧踹谁踢得更准

【比赛目的】进一步掌握组合动作要领，感悟在实战中的应用，培养合作精神和坚韧不拔的意志品质。

【比赛方法】两人一组，在不同高度位置摆放矿泉水瓶，甲依次用两种腿法做动作，乙负责计数，记录30秒内击倒水瓶次数，次数多者胜，两人交换。

【注意事项】计数者在安全位置，比赛之前和结束之后要行抱拳礼。

【场地器材】武术地毯或平整的场地、矿泉水瓶。

【拓展建议】延长两种腿法的练习时间，随机进行两种腿法组合练习。

比赛
2

【比赛名称】段位制长拳二段单练套路

【比赛目的】完成整套动作，了解武术长拳套路的基本特点，让学生感受比赛的氛围，比赛中找不足，提升学生演练水平。

【比赛方法】将学生平均分为若干组，每组进行单练套路演练，教师进行评判。

【注意事项】动作要标准，比赛之前和结束之后要行抱拳礼。

【场地器材】武术地毯或平整的场地。

【拓展建议】分组进行单练套路演练，邀请部分学生担任裁判。

四 评

（一）知识技能学习评价

1. 通过学习，学生能熟练完成丁步、反劈拳、搂手勾踢、丁步勾手亮掌—抡挂臂—弓步外格—虚步推掌动作，手、眼、身法、步协调配合，体现动静分明的特点。

2. 通过学习，学生能熟练完成段位制长拳二段单练套路的演练，能了解武术长拳的基本特点，掌握武术礼仪知识。

3. 学生能掌握和表述所学动作的动作要领和练习方法，理解动作的攻防含义，能在练习、比赛过程中，对自身技能、同伴的动作规格和演练水平予以客观评价，并能对教师及同伴的评价做出正确的反馈。

（二）体能素质锻炼评价

通过蹬腿—侧踹组合练习，学生出腿幅度、力度和高度逐渐增加，腿部的力量、柔韧性和髋关节灵活性增强。

（三）情感品格培养评价

通过蹬腿—侧踹组合、左右丁步交换跳、反劈拳等比赛，观察学生是否具备良好的自主学习意识、团结合作精神和坚韧不拔的意志品质。

第四节　单元四教学策略

本单元通过学练段位制长拳二段对打套路和拆招技术，学生能够明确动作的攻防含义。在攻防技击方面，强调长击速打，以快制慢。

🎯 单元目标

❶ **知识技能学习目标**　通过学习，学生能了解武术防身健体的价值，熟练掌握段位制长拳二段对打套路、拆招技术，具备一定的攻防配合能力。

❷ **体能素质锻炼目标**　通过段位制长拳二段对打练习，提高身体的灵活性和快速反应能力。

❸ **情感品格培养目标**　通过学、练、赛，学生能在合作探究过程中学会处理竞争与合作的关系，表现出良好的武德。

一　学

（一）单元学习内容

❶ 段位制长拳二段对打套路

（1）甲、乙起势；（2）甲跃步劈掌，乙弓步架拳；（3）甲马步架冲拳，乙马步按掌；（4）乙搂手勾踢，甲提膝亮掌；（5）乙弓步反劈拳，甲弓步架掌；（6）甲右蹬腿，乙丁步勾手亮掌；（7）甲勾手侧踹，乙抡挂臂；（8）甲弓步插掌，乙弓步外格；（9）甲、乙虚步推掌；（10）甲、乙收势。

② 勾踢拆招

（1）甲乙面对面开步直立。

（2）乙左脚上步，左劈掌攻击甲头部。

（3）甲左脚上步成弓步，左臂屈肘内旋，上架乙左臂。

（4）甲重心迅速前移，左手旋腕搂抓乙左臂，向后带，右掌从乙左臂上方穿出抹乙脖，同时，右脚勾踢乙左脚踝（图2-3-14①—④）。

③ 侧踹拆招

（1）甲乙面对面开步直立。

（2）乙右蹬腿攻击甲腹部。

（3）甲身体左转，左脚退步，右臂内旋，外挂乙右腿。

（4）甲左脚尖外展，提右腿踹击乙胸部（图2-3-15①—④）。

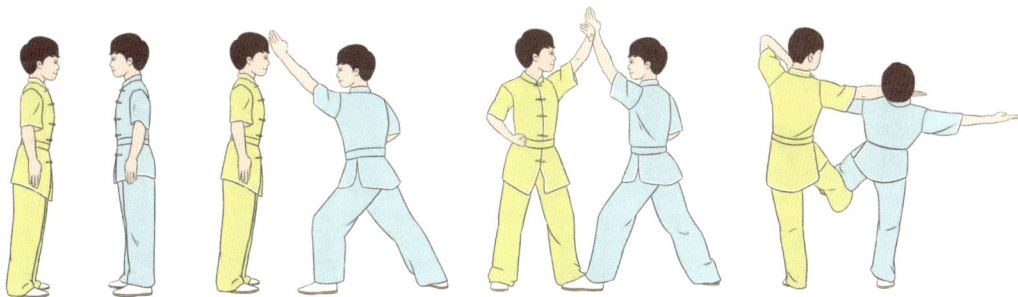

图2-3-14①—④ 勾踢拆招

图2-3-15①—④ 侧踹拆招

④ 蹬腿拆招

（1）甲乙面对面开步直立。

（2）乙左脚上步，冲右拳攻击甲胸部。

（3）甲左脚上步，左臂屈肘时横栏甲右臂。

（4）甲重心前移，右脚提起，向乙腹部蹬击（图2-3-16①—④）。

图2-3-16①—④ 蹬腿拆招

❺ 直拳

左直拳：由格斗姿势开始，左腿蹬地、向右转胯、扭腰、送肩、出拳，力达拳面。出拳时拳心向下，目视前方，击打后还原成格斗姿势。

右直拳：由格斗姿势开始，右腿蹬地、向左转胯、扭腰、送肩、出拳，力达拳面。出拳时拳心向下，目视前方，击打后还原成格斗姿势（图2-3-17①—③）。

图2-3-17①—③ 直拳

❻ 接触性拍挡防守

两人面对面格斗姿势站立，进攻方出左直拳或右直拳击打对方头部正面，防守方使用左手或右手下压拍打对方拳头进行拍挡。然后两方互换角色进行攻防练习（图2-3-18①—④）。

图2-3-18①—④ 接触性拍挡防守

（二）单元学习方法

本单元的学习，以观察示范和分步骤学习相结合的方式，培养学生的自主学习能力、创新能力和合作精神。

❶ 观察示范学习法

教师讲解、示范段位制长拳二段对打套路，学生通过听、观察、模仿进行学习。

❷ 分步骤学习法

按步骤分别学习甲和乙的单练动作，掌握后两人一组进行对打配合，学生能在掌握动作的基础上理解对打套路的攻防含义。

二　练

（一）练习方法设计思路

本单元从单练、对打、拆招等循序渐进的练习过程中，学生能够体验动作进攻、防守的方法和时机，掌握对打的攻防实践运用。

（二）练习与组织

❶ 单个技术练习

练法 1

【练法名称】勾踢拆招

【练习目的】掌握正确动作要领，体会勾踢的攻防技击含义。培养自信、勇敢的意志品质，表现出良好的武德。

【练习方法】乙左弓步、左劈掌击打甲头部；甲上左步架掌，右手搂推乙手臂，右脚勾踢乙左脚。

【场地器材】武术地毯或平整的场地。

【练习要求】勾踢时脚跟贴地。

【拓展建议】互换攻防动作进行练习，更换不同的对手进行攻防体验。

练法 2

【练法名称】侧踹拆招

【练习目的】掌握正确动作要领，体会侧踹的攻防技击含义。正确处理竞争与合作的关系。

【练习方法】乙右蹬腿蹬击甲腹部；甲右臂内旋，外挂乙右腿；甲提右腿踹击乙胸部。

【场地器材】武术地毯或平整的场地。

【练习要求】侧端躯干高于45°。

【拓展建议】模拟实战情景，进行侧端攻防招法练习。

练法 3

【练法名称】蹬腿拆招

【练习目的】掌握正确动作要领，体会蹬腿的攻防技击含义。培养团结、勇敢、坚毅的意志品质，表现出良好的武德。

【练习方法】乙左脚上步攻击甲胸部；甲左脚上步，左臂屈肘横拦乙右臂；甲右脚提起，向乙腹部蹬击。

【场地器材】武术地毯或平整的场地。

【练习要求】蹬腿由屈至伸。

【拓展建议】模拟实战情景，进行蹬腿攻防招法练习。

练法 4

【练法名称】接触性拍挡防守

【练习目的】掌握接触性拍挡防守的动作要领，提高攻防意识和反应速度。

【练习方法】甲乙面对面以格斗姿势站立，甲出前直拳击打乙头部，乙使用前拳下拍进行格挡；甲出后直拳击打乙头部，乙使用后拳下拍进行格挡。然后互换角色进行攻防练习。

【场地器材】武术地毯或平整的场地、手靶、拳套。

【练习要求】格斗式姿势正确，能快速预判并进行格挡防守，两手护住头部，肘部下垂护住上体躯干，身形稳定，保持重心，有较强的攻防意识。

【拓展建议】尝试前拳拍挡的同时后拳进攻对方，后拳拍挡的同时前拳进攻对方，进行防守反击练习。

❷ 组合技术练习

练法 1

【练法名称】段位制长拳二段对打套路起势

【练习目的】掌握起势动作要领，表现良好的武德修养。

【练习方法】根据教师口令，甲乙并步抱拳，上步正踢腿，弓步看拳，目视对方。

【场地器材】武术地毯或平整的场地。

【练习要求】正踢腿要求过腰后加速。

【拓展建议】自主进行练习，逐步加快练习速度，提高反应能力。

练法 2

【练法名称】甲跃步劈掌、乙弓步架拳

【练习目的】掌握跃步劈掌、弓步架拳的动作要领，培养学生的攻防配合能力。

【练习方法】甲重心移至左腿，向前跃步成左弓步，右拳变掌经上画弧向乙头部抡劈，目视乙方。乙左脚向前上步成左弓步，屈臂上架甲右臂，目视甲方。

【场地器材】武术地毯或平整的场地。

【练习要求】甲腾空落地后劈掌，乙屈肘内旋上架。

【拓展建议】和同伴配合自由练习10分钟，把握跃步落地时和同伴的距离，避免远离进攻部位和击打、防守的落空。

练法 3

【练法名称】甲马步架冲拳、乙马步按掌

【练习目的】掌握马步架冲拳、马步按掌的动作要领，培养学生的团结合作意识。

【练习方法】甲两腿屈膝成马步，左拳向乙胸部冲打，右拳架于头上方，目视乙方。乙两腿屈膝成马步，左拳变掌向下方盖击甲左手腕，目视甲方。

【场地器材】武术地毯或平整的场地。

【练习要求】甲左拳向乙胸部冲打同时右掌架于头上方，乙左掌盖击力达掌心。

【拓展建议】听口令甲快速做架冲拳，乙练习按掌速度；甲乙互换，体会武术技击的以快制慢。

练法 4

【练法名称】乙搂手勾踢、甲提膝亮掌

【练习目的】掌握搂手勾踢、提膝亮掌的动作要领。

【练习方法】乙右脚勾挂甲左脚跟，勾挂甲左手，目视甲方。甲提左膝闪躲，目视乙方。

【场地器材】武术地毯或平整的场地。

【练习要求】乙勾踢时，脚跟贴地；甲提膝及时，单脚站立要稳。

【拓展建议】甲手持棍垂直擦地，乙勾踢，练习脚跟贴地和勾踢部位的准确。

练法 5

【练法名称】乙弓步反劈拳、甲弓步架掌

【练习目的】掌握弓步反劈拳、弓步架掌的动作要领。

【练习方法】乙右脚前落成弓步，右勾手变拳翻盖甲头部，目视甲方；甲左勾手变掌由腰间向额前上方架起，掌心朝外，目视乙方。

【场地器材】武术地毯或平整的场地。

【练习要求】乙落脚与反劈拳同步，甲双掌十字交叉上架，掌心朝外。

【拓展建议】甲乙互换练习，感受攻防技击中伺机待动之势。

三 赛

（一）教学比赛设计思路

本单元教学比赛的设计，从攻防配合入手，通过对打、拆招比赛，使学生体验攻防转换的魅力，攻中有防，防中藏攻，提高动作的攻防准确性和配合的默契度。

（二）教学比赛方法与组织

组合动作的比赛方法

比赛 1

【比赛名称】段位制长拳二段对打套路

【比赛目的】提高对打套路动作攻防的准确性和配合默契度，了解武术防身健体的价值。

【比赛方法】两人一组进行对打套路演练，教师进行现场评分。

【注意事项】注重武德，不伤害同学。比赛之前和结束之后要行抱拳礼。

【场地器材】武术地毯或平整的场地。

【拓展建议】学生能清晰说出对打套路的评分标准。

比赛 2

【比赛名称】段位制长拳二段拆招

【比赛目的】提高攻防配合能力，培养良好的武德修养。

【比赛方法】两人一组进行拆招演练，教师进行现场评分。

【注意事项】注重武德，不伤害同学。比赛之前和结束之后要行抱拳礼。

【场地器材】武术地毯或平整的场地。

【拓展建议】设立多种奖励措施，给学生充分展示自我的舞台，体验成功的喜悦。

四 评

（一）知识技能学习评价

1. 通过对段位制长拳二段对打套路和拆招技术的学习，学生能了解动作的攻防含义，具备一定的攻防配合能力。

2. 通过直拳、接触性拍挡防守的学习，学生能对直拳的进攻进行预判和快速防守，提高攻防意识和反应速度。

3. 学生能掌握和表述所学动作的动作要领和练习方法，能运用正确方法对自身技能、同伴的动作规格予以客观评价，并能对教师及同伴的评价做出正确的反馈。学生熟知该单元的技术要求，达到武术运动能力等级三级达标考核标准。

（二）体能素质锻炼评价

通过对打套路、拆招动作的练习，学生身体的灵活性逐渐提高，攻防意识和快速反应能力逐步增强。

（三）情感品格培养评价

通过段位制长拳二段对打套路和拆招的比赛，学生具备自主学习意识，表现出正义谦让、精诚团结的武德操守。

第四章 | 武术模块四教学策略

模块四共分为三个单元，内容以直摆性腿法、段位制长拳三段单练和对打、八法五步太极拳以及非接触性防守的基本技术为主。建议44课时完成。

本模块教学设计从调动学生的学练积极性出发，强化学习方法、练习方法的实用性和可操作性，使学生了解武术的育人价值，体验不同拳种的风格特点，逐步形成自身的演练风格。通过定量与定性相结合的比赛方法，检验学生掌握组合动作的衔接速度、力度和节奏，以及手、眼、身法、步及攻防意识的协调配合能力。通过学、练、赛、评，学生能理解武德与武术礼仪，具有拼搏精神，具备基本的武术专项运动能力。

第一节 单元一教学策略

本单元通过学练直摆性腿法、翻腰动作及长拳三段组合动作技术，学生逐步形成自身的演练风格，提升动作的攻防运用能力，强化对武德礼仪的深刻认识。

🎯 单元目标

❶ **知识技能学习目标** 通过学习，学生能理解武术的育人价值，掌握组合动作衔接的节奏、速度和力度的变化原理，形成各自的演练风格。

❷ **体能素质锻炼目标** 通过直摆性腿法组合练习，提高柔韧性，提升髋关节的灵活性。

❸ **情感品格培养目标** 通过学、练、赛，学生能深刻认识和理解武德与武术礼仪，具有不畏困难、勇于拼搏的精神。

一 学

（一）单元学习内容

1 腿功

（1）里合腿　并步直立，两掌向两侧推出与肩同高。一腿伸直支撑，另一腿挺直勾脚踢至耳侧，经面前向体侧画弧摆动落下（图2-4-1①—③）。

（2）外摆腿　并步直立，两掌向两侧推出与肩同高。一腿伸直支撑，另一腿挺直勾脚斜踢，经面前向体侧画弧摆动落下（图2-4-2①—③）。

2 跳跃

旋风脚　并步直立，右手抱拳收于腰间，左掌向左侧推出；左脚、右脚依次上步，右脚尖内扣，左、右手摆至身体右侧；右腿屈膝蹬地跳起，左腿提起向左后上方摆动；上体向左上方翻转，两臂随身体抡摆，右腿做里合腿摆动，左手在面前迎击右脚掌，左腿自然下垂。空中旋转一周落地（图2-4-3①—③）。

3 抡臂砸拳

并步抱拳，左脚上步，身体右转，左拳变掌向左直臂伸掌；身体左转，左臂逆时针抡臂一周至身体左侧；抡右臂，右拳上举，拳心向左；右腿屈膝提起，脚面绷平；右脚

图2-4-1①—③　里合腿

图2-4-2①—③　外摆腿　　　　图2-4-3①—③　旋风脚

下落向左脚并步，屈膝震脚；左掌外旋翻转摆置腹前，掌心向上，右拳外旋向左掌心下砸，拳心向上（图2-4-4①—④）。

❹ 插步翻腰

两脚开立，两臂平举，左脚向右脚后插步；同时左手屈肘摆至右胸前，右手向右上方直臂摆举；身体向左后拧转360°，以两脚掌为轴，两臂随翻转立圆抡摆至水平位与肩平（图2-4-5①—④）。

❺ 抱拳弹踢—金丝缠腕—马步冲拳

抱拳弹踢力达脚尖，金丝缠腕右拳变掌前摆后翘腕，顺时针外旋握拳，左掌抓握右手腕。马步冲拳，大腿与地面平行，冲拳力达拳面（图2-4-6①—④）。

图2-4-4①—④　抡臂砸拳

图2-4-5①—④　插步翻腰

图2-4-6①—④　抱拳弹踢—金丝缠腕—马步冲拳

6 右弓步抄拳—翻腰提膝推掌—旋风脚—马步

右臂向前抄拳，左掌附于右前臂。翻腰要立圆，提膝要稳定。旋风脚，两脚依次（或同时）落地后成马步，右臂屈肘里格，左拳收抱腰间（图2-4-7①—⑧）。

7 插步推掌—翻身跳按掌

左脚向后插步，前脚掌撑地；右拳抱于腰间，左掌向左推出。身体左转，左脚蹬地，身体向左腾空翻转半周，两臂随翻身立圆抡臂；右脚、左脚依次落地成马步；右掌向下按掌，力达掌外沿，左掌变拳收抱腰间（图2-4-8①—③）。

图2-4-7①—⑧　右弓步抄拳—翻腰提膝推掌—旋风脚—马步

图2-4-8①—③　插步推掌—翻身跳按掌

（二）单元学习方法

本单元的学习从理解攻防含义的角度出发，引导学生去观察、模仿学习和体验动作，帮助学生完成学习目标。

❶ 观察示范学习法

教师示范武术基本腿法、基本动作，学生通过观察、模仿进行学习，在观察教师动作的方法、顺序和路线的基础上，着重观察动作的攻防运用方法。

❷ 体验感知学习法

教师组织学生进行动作模仿和体验，注重让学生体验里合腿、外摆腿的运动轨迹，通过障碍物前进行内收及外展的体验和感受，帮助学生建立正确的动作感悟和肌肉记忆。

二 练

（一）练习方法设计思路

本单元练习方法的设计，从调动学生的学练积极性出发，遵循从易到难的原则，强化练习方法的实用性和操作性，通过语言提示、慢速领做、目标辅助等丰富多样的练习方法，提高学生的肌肉本体感觉，让学生掌握武术直摆性腿法、腾空动作的动作要领，提高学生的技术水平。

（二）练习与组织

❶ 单个技术练习

练法 1

【练法名称】里合腿、外摆腿过障碍物

【练习目的】提高髋关节的灵活性，增强下肢的柔韧性。

【练习方法】两人相对并步直立，甲手持障碍物立于乙对面，乙越过障碍物完成里合、外摆动作。

【场地器材】武术地毯或平整的场地、障碍物。

【练习要求】摆动腿与支撑腿均要伸直，上体直立，尽可能加大里合、外摆的动作幅度。

【拓展建议】进行髋关节的静力及动态拉伸。

练法 2

【练法名称】旋风脚

【练习目的】掌握旋风脚的技术要领，培养战胜自我的精神。

【练习方法】根据教师口令，进行原地左外摆—右里合腿法练习；学生平躺在地毯上，身体向左翻转的同时，右腿摆动做里合腿击响，摆动腿下落，身体继续翻转；做抡臂转体跳转360°的翻身跳练习；先转头看预定目标，然后做跳起转体90°的击响练习，逐步增加转体180°、270°的练习；进行原地旋风脚的完整练习。

【场地器材】武术地毯或平整的场地、垫子。

【练习要求】里合腿贴近身体，摆动时成扇形；体会蹬地以后的空中感觉。抡臂、踏跳、转体、里合腿等环节要协调一致，身体的旋转不小于270°。

【拓展建议】在熟练掌握动作技术的基础上进行上步旋风脚练习。

练法 3

【练法名称】插步翻腰

【练习目的】提高翻腰过程中背弓幅度，进一步强化学生核心稳定性。

【练习方法】两脚开立，两臂平举，左脚向右脚后插步；身体向左后仰翻转一周，两臂随体转抡摆展臂。

【场地器材】武术地毯或平整的场地。

【练习要求】翻腰过程要求背弓充分打开，身体重心不要起伏，立圆抡臂。

【拓展建议】进行左右对称动作练习，提高稳定性。

❷ 组合技术练习

练法 1

【练法名称】抱拳弹踢—金丝缠腕—马步冲拳

【练习目的】熟练掌握组合核心动作金丝缠腕的技术，体会动作的攻防含义，培养团队合作精神。

【练习方法】反复练习翘腕和抓握动作，体会动作的攻防含义；甲抓握乙手腕配合练习金丝缠腕的攻防技术，控制乙手腕时要锁紧，防止乙逃脱；熟练掌握动作的基础上进行组合动作练习。

【场地器材】武术地毯或平整的场地。

【练习要求】动作衔接要紧密，体现动作的攻防意识。

【拓展建议】可以左右手交替练习金丝缠腕技术，注意动作缓慢，预防伤害事故。

练法 2

【练法名称】右弓步抄拳—翻腰提膝推掌—旋风脚—马步

【练习目的】熟练掌握组合动作的技术，提高旋风脚动静连接的稳定性，培养勤学苦练的品质。

【练习方法】根据口令提示，练习翻腰和提膝推掌动作，由慢到快；反复练习旋风脚—马步组合；熟练掌握动作的基础上进行完整组合动作练习。

【场地器材】武术地毯或平整的场地。

【练习要求】翻腰立圆，提膝推掌动作稳固，旋风脚—马步动静连接稳定，里合击响响亮。

【拓展建议】提高组合练习的速度，体会组合动作的节奏变化，强调手、眼、身法、步的协调配合。

练法 3

【练法名称】插步推掌—翻身跳按掌

【练习目的】熟练掌握组合动作的技术，提高身法的运用能力。

【练习方法】教师慢速领做，进行上肢抡臂动作练习，按掌有力度；反复进行下肢步法练习；熟练掌握动作的基础上进行上下肢动作配合练习。

【场地器材】武术地毯或平整的场地。

【练习要求】推掌有力度，翻身跳抡臂要立圆，按掌力点清晰。

【拓展建议】尝试反方向动作练习。

练法 4

【练法名称】单拍脚—仆步抡拍—抡臂砸拳

【练习目的】提高组合动作的速度、幅度、力度，熟练掌握组合动作衔接的连贯性和节奏感。

【练习方法】根据教师口令，进行上步单拍脚练习，强调上步速度和踢腿速度；反复进行单拍脚和仆步抡拍动作练习；进行完整组合动作练习。

【场地器材】武术地毯或平整的场地。

【练习要求】动作干脆有力，单拍脚击拍响亮，仆步抡拍动作到位，抡臂砸拳
动作舒展大方；动作衔接连贯顺畅。

【拓展建议】调换顺序进行练习，动作为抡臂砸拳、上步单拍脚、仆步抡拍，
形成重复动作闭环。

三　赛

（一）教学比赛设计思路

本单元教学比赛的设计从提高学生的专业技能出发，采用定量和定性相结合的方
法，通过里合腿比速度、组合动作比稳定的形式，检验学生对直摆性腿法的速度和幅
度、组合动作衔接的节奏和力度的掌握程度，以及腿法的攻防运用能力。

（二）教学比赛方法与组织

1 单个技术比赛方法

比赛

【比赛名称】里合腿比速度

【比赛目的】进一步掌握里合腿动作要领，提高摆腿速度和幅度，强化武术礼
仪教育。

【比赛方法】两人面对面站立，甲手臂伸直前举（或设一标志物），高度与乙
胸部齐平；乙任一腿连续绕过甲手臂（或标志物）高度进行里合
腿演练，记录10秒内完成里合腿次数。

【注意事项】支撑腿、摆动腿及上体保持正直，摆动腿幅度要大，呈扇形，摆
动腿膝关节内角小于135°将视为无效动作。比赛之前和结束之后
要行抱拳礼。

【场地器材】武术地毯或平整的场地、秒表。

【拓展建议】连续单腿或左右腿交替进行。

② 组合技术比赛方法

比赛

【比赛名称】右弓步抄拳—翻腰提膝推掌—旋风脚—马步

【比赛目的】掌握步法转换灵活、快速、稳定的要领，尤其是跳跃动作的要领和保持稳定性的诀窍，培养学生竞赛意识及敢于拼搏的良好品质。

【比赛方法】个人或分组进行组合演练，教师现场评分。

【注意事项】比赛之前和结束之后要行抱拳礼。

【场地器材】武术地毯或平整的场地。

【拓展建议】连续两次完成组合动作，强调动作的稳定性。

四 评

（一）知识技能学习评价

1. 通过对里合腿、外摆腿、抡臂砸拳、插步翻腰动作的学习，学生能了解两种直摆性腿法的运行轨迹，熟练进行三种以上的里合腿组合练习；抡臂砸拳、插步翻腰动作能够充分体现以腰带臂、抡臂立圆的特点。

2. 通过分解动作、完整组合动作的学习，学生能熟练完成抱拳弹踢—金丝缠腕—马步冲拳、右弓步抄拳—翻腰提膝推掌—旋风脚—马步、插步推掌—翻身跳按掌的组合动作演练，手、眼、身法、步协调配合，体现动静分明的特点。

3. 学生能掌握和表述所学动作的动作要领和练习方法，能在练习、比赛过程中运用正确的方法对自身和同伴的动作规格和演练水平予以客观评价，并能对教师及同伴的评价做出正确的反馈。

（二）体能素质锻炼评价

通过摆腿组合与摆腿过障碍物练习，学生里合腿、外摆腿的摆腿幅度和高度逐渐增加，腿部柔韧性和髋关节灵活性增强。

（三）情感品格培养评价

通过10秒内里合腿比速度、组合技术比赛等方法，观察学生是否具有敢于拼搏的精神。

第二节　单元二教学策略

本单元通过学练段位制长拳三段组合动作、拆招，掌握组合动作名称、规格、劲力及节奏，体现手、眼、身法、步及攻防意识的协调配合。在武术比赛中充分体现组合动作的演练特点，逐步形成自身的演练风格。

🎯 单元目标

❶ **知识技能学习目标**　通过学习，学生能掌握段位制长拳三段组合动作的名称、规格、劲力、节奏及拆招技术，体现手、眼、身法、步及攻防意识的协调配合。

❷ **体能素质锻炼目标**　通过素质练习，发展弹跳、力量素质，增强协调能力。

❸ **情感品格培养目标**　通过学、练、赛，学生具备发现、分析问题的能力以及自我评价的能力。

一　学

（一）单元学习内容

❶ 跳转横击掌

并步直立，上右步，右脚蹬地，身体右转向右腾空翻转半周，两臂呈横圆抡臂。左脚前落，右脚后撤成左弓步；左掌自左而右向前横击，力达掌外沿，右掌变拳收抱腰间（图2-4-9①②）。

图2-4-9①②　跳转横击掌

❷ 歇步冲拳—右弓步格挡—马步切掌—右弓步冲拳

两腿交叉成左歇步，右拳向前冲出；右弓步格挡力达前臂内外两侧；马步切掌力达掌外沿，右拳收抱腰间；右脚上步成右弓步，右拳向前冲出，左拳收抱腰间（图2-4-10①—⑤）。

❸ 震脚弓步双推掌—弓步架掌—弓步推掌

并步直立，右脚向左脚内侧落地震脚，左脚略抬，两掌收于腰间。左脚上步成左弓步，两掌向前推出。左脚后撤，两掌收于腰间。右脚后撤成左弓步，左掌上架，右掌变拳收于腰间。右拳变掌向前推出，左掌下按于左膝上方（图2-4-11①—③）。

图2-4-10①—⑤ 歇步冲拳—右弓步格挡—马步切掌—右弓步冲拳

图2-4-11①—③ 震脚弓步双推掌—弓步架掌—弓步推掌

④ 弓步推掌—跳转横击掌—腾空飞脚—右弓步冲拳

左脚向前上步成左弓步，右掌向前推出，左掌下按于左膝上方。右脚上步蹬地，身体右转向右腾空翻转半周，左脚前落，右脚后撤成左弓步；左掌自左而右向前横击。腾空飞脚摆动腿要过肩。右脚上步成右弓步，右拳向前冲出，拳心向下，左拳收抱腰间（图2-4-12①—⑤）。

⑤ 缠腕拆招

甲乙面对面开步直立；乙右脚上步成右弓步，右拳向甲胸部冲拳进攻，左拳收抱腰间；甲退左步，右臂上架乙右手腕，左手按压乙右手背；甲右臂外旋缠腕向右腰间回带，左手扣压乙手腕；甲上架、按压、缠腕、回带、扣压动作要连贯快速，乙要顺势跟进（图2-4-13①②）。

图2-4-12①—⑤　弓步推掌—跳转横击掌—腾空飞脚—右弓步冲拳

图2-4-13①②　缠腕拆招

6 别肘拆招

甲乙面对面开步直立；乙上右脚成右弓步，右掌砍击甲颈部；甲撤右步，左掌抓握乙右手腕，虎口向下；甲右脚上步，左手旋转下压乙右手腕，右掌推乙右肘上掀，两手合力别拿乙右臂；甲抓握、旋转下压、上掀动作要合力完成（图2-4-14①—③）

图2-4-14①—③　别肘拆招

（二）单元学习方法

本单元从段位制长拳三段组合动作及拆招练习入手，设计合理的学习方法，使学生掌握动作技术，最终达到学习目标。

❶ 观察示范学习法

教师示范武术组合动作、拆招技术动作，引导学生通过观察、模仿进行学习。在观察教师动作方法、路线的基础上，观察和模仿进攻防守动作的准确部位和攻防距离。

❷ 体验感知学习法

教师组织学生进行跳转横击掌、缠腕拆招、别肘拆招动作的体验，着重体验动作的发力顺序和攻防动作的部位，感知攻防动作配合的时机和距离。

二 练

（一）练习方法设计思路

本单元练习方法的设计从组合动作、拆招技术练习入手，通过口令提示、慢速领做、分解练习以及完整动作练习等方法，强化动作稳定性和攻防意识，提高学生的弹跳能力、平衡能力和攻防配合能力。

（二）练习与组织

❶ 单个技术练习

练法 1

【练法名称】跳转横击掌

【练习目的】掌握跳转横击掌的动作要领。

【练习方法】教师慢速领做上肢抡臂击掌动作；学生练习下肢的步法；教师口令提示，进行上下肢慢速动作的协调配合练习；学生熟练掌握动作基础上进行完整动作练习。

【场地器材】武术地毯或平整的场地。

【练习要求】腾空翻转要轻灵，落地要稳，横击掌力点准确。

【拓展建议】可以左右交替进行练习。

练法 2

【练法名称】缠腕拆招

【练习目的】熟练掌握缠腕拆招的动作要领，提高攻防配合能力。

【练习方法】甲乙面对面站立，乙向甲胸部冲拳，根据教师口令提示，甲完成上架、按压、缠腕、回带、扣压动作，乙顺势跟进；甲、乙互换进行练习。

【场地器材】武术地毯或平整的场地。

【练习要求】甲上架、按压要及时，缠腕、回带、扣压动作要连贯快速，逐渐增加攻防练习速度。

【拓展建议】可以进行别肘拆招练习。

❷ 组合技术练习

练法 1

【练法名称】歇步冲拳—右弓步格挡—马步切掌—右弓步冲拳

【练习目的】掌握组合动作的连贯性，提高攻防格斗意识。

【练习方法】根据教师口令进行上肢组合动作的练习和下肢组合动作的练习，进行完整组合动作的练习。

【练习要求】歇步要稳定，格挡意识充分，切掌时力达掌指外侧，冲拳力达拳面；充分体现组合动作的节奏和攻防意识；逐步提高练习速度。

【场地器材】武术地毯或平整的场地。

【拓展建议】分组进行自主练习，学生相互进行评价。

练法 2

【练法名称】震脚弓步双推掌—弓步架掌—弓步推掌

【练习目的】提高弓步的稳定性以及与手法的协调配合。

【练习方法】进行双推掌、架掌和推掌的手法练习；配合弓步完成手法组合练习。

【练习要求】震脚与按掌同步，弓步与双推掌同时完成；撤步、架掌要一气呵成；推掌力达掌根。练习时体现上下肢动作的协调配合。

【场地器材】武术地毯或平整的场地。

【拓展建议】分组进行自主练习，学生相互进行评价。

练法
3

【练法名称】弓步推掌—跳转横击掌—腾空飞脚—右弓步冲拳

【练习目的】掌握步法转换的灵活性，以及跳跃动作的要领和保持稳定性的诀窍。

【练习方法】根据口令提示进行跳转横击掌动作练习，连接完成腾空飞脚动作；熟练掌握两个动作要领后，进行完整组合动作的练习。

【练习要求】腾空跳转要轻灵，横击掌力点准确；腾空飞脚右脚蹬地有力，击拍响亮；落地动作要稳定。

【场地器材】武术地毯或平整的场地。

【拓展建议】提高跳转横击掌和腾空飞脚腾空高度的练习。

三　赛

（一）教学比赛设计思路

本单元教学比赛的设计，从跳转横击掌、组合动作入手，采用定量和定性相结合的方法，检验学生对动作的理解与掌握程度，培养学生发现问题和分析问题的能力。

（二）教学比赛方法与组织

❶ 单个技术比赛方法

比赛

【比赛名称】拦腰截断

【比赛目的】提高学生跳转横击掌的进攻意识和准确性。

【比赛方法】两人一组，甲两手上下举毛巾，乙背对甲站立，听到口令，记录乙在10秒内完成跳转横击掌击中毛巾的次数。

【注意事项】记录学生击中毛巾次数时，以掌外沿击中毛巾且毛巾弯曲为有效次数；如果跳转身没有击到毛巾，或掌尖触及毛巾则视为无效。比赛之前和结束之后要行抱拳礼。

【场地器材】武术地毯或平整的场地、秒表、毛巾或柔软的绳子。

【拓展建议】朝左右方向依次进行横击掌练习。

❷ 组合技术比赛方法

比赛

【比赛名称】弓步推掌—跳转横击掌—腾空飞脚—右弓步冲拳

【比赛目的】熟练掌握组合动作的要领，充分体现快速有力、动静分明的特点。

【比赛方法】将学生平均分为若干组，每组分别进行组合动作的演练，教师现场评分。

【注意事项】横击掌力点明确，飞脚腾空高，击拍响亮，劲力顺达，动作连贯，节奏分明，手、眼、身法、步配合协调。比赛之前和结束之后要行抱拳礼。

【场地器材】武术地毯或平整的场地。

【拓展建议】连续两次完成组合动作的练习。

四 评

（一）知识技能学习评价

1. 通过慢速练习、拦腰截断比赛等方法，学生能完成跳转横击掌动作，力点准确，上肢、下肢配合协调，具有较强的进攻意识。

2. 通过段位制长拳三段组合动作、拆招技术的学习，学生能熟练完成歇步冲拳—右弓步格挡—马步切掌—右弓步冲拳、震脚弓步双推掌—弓步架掌—弓步推掌—跳转横击掌—腾空飞脚—右弓步冲拳的组合动作演练，动作规范、劲力顺达、动静分明；掌握缠腕拆招、别肘拆招的攻防运用技术，攻防配合距离适当，攻防时机准确，体现手、眼、身法、攻防运用的协调配合。

3. 学生能掌握和表述所学动作的动作要领和练习方法，能逐步形成自身的演练风格。在练习、比赛过程中，能对自身与同伴的攻防配合水平、演练水平予以客观评价，对教师和同伴的评价能够做出正确的反馈。

（二）体能素质锻炼评价

通过跳转横击掌、腾空飞脚动作的慢速领做、分解练习等，学生弹跳、力量和协调素质得到增强。

（三）情感品格培养评价

通过拆招技术的攻防配合，观察学生发现问题、分析问题的能力。

第三节　单元三教学策略

本单元主要介绍武术不同拳种的特点，学习内容增加了太极拳的基本步法和手法，学生可以根据自身情况选择八法五步太极拳或者段位制长拳三段单练、对打套路的学习，逐步形成武术专项运动能力。

单元目标

❶ 知识技能学习目标　通过学习，学生能了解武术不同拳种的特点，初步掌握太极拳基本技术，熟练掌握段位制长拳三段的单练和对打套路技术，提高鞭腿的攻防运用能力以及非接触性防守能力，具备基本的武术专项运动能力。

❷ 体能素质锻炼目标　通过太极拳基本手法、鞭腿等专项身体素质的练习，发展灵敏、速度素质，增强灵活性和协调能力。

❸ 情感品格培养目标　通过学、练、赛，学生具有独立思考的能力，能够感悟自强不息的武术精神。

一　学

（一）单元学习内容

❶ 太极拳手法

（1）掤　左掤势，左臂平屈成弓形，用前臂外侧和手背向前方推出（图2-4-15）。

（2）捋　捋劲在太极拳中为化劲。右捋势左掌向前舒指，掌心向下，右掌翻转，掌心向上，合劲后捋（图2-4-16）。

（3）挤　挤劲为进攻劲。左挤势，右掌附于左前臂内侧，掌心向外，以左前臂外侧为力点，向前推击（图2-4-17）。

（4）按　按劲是进攻劲。双按势，两掌收于胸前，掌心向前下方，向前、向下推按，掌指向上（图2-4-18）。

图2-4-15 掤

图2-4-16 捋

图2-4-17 挤

图2-4-18 按

❷ 太极拳步法

（1）前进步　两手叉腰左丁步，身体左转，向左前方上步成弓步（图2-4-19①—③）。

（2）后撤步　两手叉腰右虚步，右脚提起向右后方撤步，前脚掌着地，然后全脚踏实，左脚跟微离地成左虚步（图2-4-20①②）。

（3）横开步　两手叉腰，两腿微屈，左脚向左侧横开一步，前脚掌着地，然后全脚踏实，重心左移收右脚，两脚平行（两脚距离10—20厘米）（图2-4-21①—③）。

图2-4-19①—③　前进步

图2-4-20①②　后撤步

图2-4-21①—③　横开步

❸ 左掤势—右将势—左挤势—双按势—右採势—左挒势—左肘势—右靠势

左掤势：左臂平屈成弓形，用前臂外侧和手背向前方掤出。

右将势：左掌、右掌向左前上舒指，左掌心向下，右掌心向上，合劲后将。

左挤势：右掌附于左前臂内侧，掌心向外，以左前臂外侧为力点，向前推击。

双按势：两掌收于胸前，掌心向前下方，向下、向前推按，掌指向上。

右採势：双掌抓握旋腕画弧向右下採，左拳心向上，右拳心向下。

左挒势：两手旋腕，画弧翻转向左前横挒，右手心向上，左手心向外。

左肘势：左手握拳屈肘向左前顶肘，右手贴附左臂形成助力。

右靠势：两手画小弧转换，左掌心向外附于右肩前，右手拳眼向内合劲右靠（图2-4-22①—⑧）。

图2-4-22①—⑧　左掤势—右将势—左挤势—双按势—右採势—左挒势—左肘势—右靠势

❹ 段位制长拳三段单练套路

第一小节

（1）起势；（2）右弓步格挡；（3）抱拳弹踢；（4）金丝缠腕；（5）马步冲拳；（6）转身平扫前推掌；（7）弓步砍掌；（8）撤步平将；（9）插步推掌；（10）翻身跳按掌；（11）虚步推掌；（12）歇步冲拳。

第二小节

（1）右弓步格挡；（2）马步切掌；（3）右弓步冲拳；（4）左弓步斜推掌；（5）震脚

弓步双推掌；（6）弓步架掌；（7）弓步推掌；（8）跳转横击掌；（9）腾空飞脚；（10）右弓步冲拳；（11）马步看拳；（12）收势。

❺ 段位制长拳三段对打套路

（1）甲、乙起势；（2）甲右弓步格挡，乙右弓步格挡；（3）甲抱拳弹踢，乙马步切掌；（4）乙右弓步冲拳，甲金丝缠腕；（5）甲马步冲拳，乙左弓步斜推掌；（6）甲转身平扫前推掌，乙震脚弓步双推掌；（7）甲弓步砍掌，乙弓步架掌；（8）乙弓步推掌，甲撤步平捋；（9）甲插步推掌，乙跳转横击掌；（10）乙腾空飞脚，甲翻身跳按掌；（11）乙右弓步冲拳，甲虚步推掌；（12）乙马步看拳，甲歇步冲拳；（13）甲、乙收势。

❻ 八法五步太极拳

（1）起势；（2）左掤势右捋势左挤势双按势，右採势左挒势左肘势右靠势；（3）右掤势左捋势右挤势双按势，左採势右挒势右肘势左靠势；（4）进步左右掤势；（5）退步左右捋势；（6）左移步左挤势左移步双按势；（7）右移步右挤势右移步双按势；（8）退步左右採势；（9）进步左右挒势；（10）右移步右肘势右移步右靠势；（11）左移步左肘势左移步左靠势；（12）中定左右提膝独立势；（13）十字手；（14）收势。

❼ 鞭腿

左鞭腿：由格斗姿势开始，左腿提膝，向右翻胯，踢出小腿，击打时绷直脚背，左臂自然下摆，击打后原路线收腿还原至格斗式姿势。

右鞭腿：由格斗姿势开始，右腿提膝，向左翻胯，踢出小腿，击打时绷直脚背，右臂自然下摆，击打后原路线收腿还原至格斗式姿势（图2-4-23①②）。

图2-4-23①② 鞭腿

❽ 非接触性防守：侧闪、跳步躲闪

进攻方与防守方面对面以格斗姿势站立，进攻方使用拳法或腿法击打对方身体，防守方通过跳步前后或左右移动躲避攻击（图2-4-24①②）。

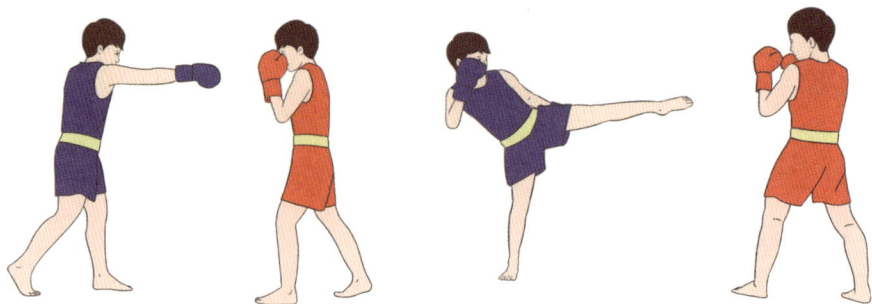

图2-4-24①② 非接触性防守：侧闪、跳步躲闪

（二）单元学习方法

本单元增加了太极拳的学习内容，不同于长拳动作的风格，太极拳体现了柔和缓慢的运动特点。因此，学习方法的设计也进行了相应的改变，以帮助学生达到学习目标。

❶ 观察示范学习法

教师在示范太极拳、长拳和鞭腿动作时，学生通过认真观察和模仿进行学习。

❷ 体验感知学习法

通过教师的引导，学生在动作模仿时，体验长拳对打动作、鞭腿和防守的攻防配合部位与时机，着重体验太极拳的手法、步法配合，体悟太极拳的虚实变化。

二 练

（一）练习方法设计思路

本单元的练习方法设计从快与慢入手，通过缓慢柔和的动作，快速反应的攻防练习，使学生体验不同拳种的风格特点，增强手、眼、身法、步和攻防意识的协调配合，提高攻防运用能力和非接触性防守能力。

（二）练习与组织

❶ 单个技术练习

练法 1

【练法名称】揽雀尾

【练习目的】掌握掤、捋、挤、按的动作要领。

【练习方法】两脚开立，反复进行原地左掤、捋、挤、按动作练习；进行原地右掤、捋、挤、按动作练习；依次进行左右掤、捋、挤、按动作练习。

【场地器材】武术地毯或平整的场地。

【练习要求】排除杂念，思想集中，心静体松。

【拓展建议】行进间的左右揽雀尾动作练习。

练法 2

【练法名称】推手

【练习目的】在运动过程中寻找平衡。

【练习方法】两人面对面相距20厘米站立，两脚开立与肩同宽。听到口令后，两人用两手以不同的力道互推对方上半身。

【场地器材】武术地毯或平整的场地。

【练习要求】只能用手掌推，不可用拳打。

【拓展建议】两人依次推对方，先移动脚位失去平衡者为败，不可拉拽对方。

练法 3

【练法名称】鞭腿

【练习目的】掌握鞭腿动作要领，体会发力顺序。

【练习方法】设置目标物于腹部位置高度，先进行提膝练习，使膝盖每次都能上提顶到目标物，然后顺着提膝动作将小腿像鞭子一样甩出。

【场地器材】武术地毯或平整的场地。

【练习要求】提膝时要注意大小腿折叠，小腿击打出去后要绷平脚背，以脚背为击打点。

【拓展建议】可两人一组，将手掌作为目标物，进行互相提膝练习。

练法 4

【练法名称】非接触性防守：侧闪、跳步躲闪

【练习目的】提高预判和反应能力，能有效躲闪。

【练习方法】两人一组，甲使用拳或腿进攻乙，乙根据甲的进攻做出预判，向两侧或后方撤步躲闪。

【场地器材】武术地毯或平整的场地。

【练习要求】乙在撤步时要保持身体重心的稳定性。

【拓展建议】可事先规定好甲的进攻动作，甲熟练之后再自由选择进攻动作，逐渐增加难度。

❷ 组合技术练习

练法 1

【练法名称】段位制长拳三段单练套路

【练习目的】掌握动作要领，提高演练水平。

【练习方法】反复进行组合动作练习；进行单段动作练习；进行完整单练套路动作练习。

【场地器材】武术地毯或平整的场地。

【练习要求】动作正确，劲力顺达，节奏鲜明。

【拓展建议】连续进行完整单练套路练习。

练法 2

【练法名称】段位制长拳三段对打套路

【练习目的】掌握动作要领，提高攻防配合能力。

【练习方法】两人一组进行对打组合练习；进行完整对打套路的练习。

【场地器材】武术地毯或平整的场地。

【练习要求】动作逼真，攻防时机准确，距离适当。

【拓展建议】提高攻防配合的速度和力度，进行完整对打套路的练习。

三 赛

（一）教学比赛设计思路

本单元教学比赛的设计从练习学生的攻击性腿法入手，对学生的连续鞭腿能力进行考核，提高大腿后群肌肉的柔韧性及爆发力；套路比赛以段位制长拳三段对打套路为主，主要考核攻防时机、攻防距离的把控能力，培养学生的合作精神；通过八法五步太极拳的比赛设计，考核太极拳手法、步法的掌握情况。

（二）教学比赛方法与组织

❶ 单个技术比赛方法

比赛

【比赛名称】鞭腿比赛

【比赛目的】提高出腿速度与击打位置的准确性。

【比赛方法】学生任一腿连续进行鞭腿演练，可以空击或击打沙包、脚靶，记录10秒内完成的次数，不规范的动作不计次数。

【注意事项】格斗姿势正确，上下肢动作协调，演练动作时身体稳定，力点和运动轨迹正确，发力顺达，具有一定的攻防意识。比赛之前和结束之后要行抱拳礼。

【场地器材】武术地毯或平整的场地、沙包或脚靶。

【拓展建议】踢脚靶时要注意两人配合，防止受伤。

❷ 组合技术比赛方法

比赛 1

【比赛名称】段位制长拳三段单练、对打比赛

【比赛目的】掌握段位制长拳三段单练和对打套路技术，提高手、眼、身法、步配合协调能力和动作的攻防运用能力，培养团结合作的精神。

【比赛方法】将学生平均分为若干组，每组进行段位制长拳三段单练、对打的演练，教师现场评分。

【注意事项】姿势正确，方法清楚，注重神形合一。比赛之前和结束之后要行抱拳礼。

【场地器材】武术地毯或平整的场地。

【拓展建议】连续进行单练套路、对打套路练习，培养学生坚强的意志品质。

比赛 2

【比赛名称】八法五步太极拳

【比赛目的】掌握八法五步太极拳的技法，强化神形合一，提高套路演练水平。

【比赛方法】将学生平均分为若干组，每组分别进行八法五步太极拳的演练，教师现场评分。

【注意事项】姿势正确，方法清楚，运劲顺达，连贯圆活，中正安舒，松柔慢匀，下盘稳固，手、眼、身法、步配合协调。比赛之前和结束之后要行抱拳礼。

【场地器材】武术地毯或平整的场地。

【拓展建议】动作展示时可以配乐。

四 评

（一）知识技能学习评价

1. 通过对太极拳基本手法、步法、推手的学习，学生能了解太极拳柔和缓慢的特点，基本完成八法五步太极拳的动作演练，熟练进行三种以上的太极拳组合练习。

2. 通过分组练习、完整动作练习和10秒鞭腿比赛等方法，学生能形成段位制长拳三段单练的演练风格，体现对打套路的攻防协调配合；正确把握鞭腿的攻防运用技术，掌握非接触性防守侧闪和跳步躲闪技术。

3. 学生能清晰表述所学动作的技术特点和练习方法，能对自身学练情况、同伴的演练水平、格斗技术进行客观评价，并对教师和同伴的评价做出正确的反馈。

（二）体能素质锻炼评价

通过太极拳步法、连续鞭腿动作、完整套路的练习，学生的腿部力量和协调素质能得到有效增强。

（三）情感品格培养评价

通过太极拳、长拳和格斗技术的学、练、赛，学生能具备独立思考、攻防配合的意识，以及敢于面对困难的品质。

第五章 | 武术模块五教学策略

模块五共分为三个单元，内容以长拳和太极拳的基本功、基本动作、组合动作、格斗技术以及套路为主，其中套路内容采取初级长拳三路、二十四式太极拳、地域拳种任选一项的方式，根据自身特点和兴趣进行不同拳种的选择性学习。建议52课时完成。

本模块的教学设计，注重个性化教育，强调对武术能力的拓展和应用。通过学练武术长拳、太极拳组合动作和套路演练方法，以及太极推手和格斗技术拳法组合等方法，学生能对比感知不同速度、不同风格拳术的魅力，掌握武术动作的技击含义及攻防运用方法。在武术比赛中能及时预判，做出正确反应，深刻体会武术的精气神。依据学、练、赛、评的设计思路，通过层层递进的系统学习，提升和拓展武术专项运动能力，培养挑战自我、发现问题和解决问题的能力。

第一节 单元一教学策略

本单元主要学习内容包括长拳和太极拳的基本功法、组合动作技术；通过技术动作、专项身体素质的学、练、赛，提高运动技术，了解武术传统文化及"四击、八法、十二形"的基本原理，发展柔韧性、力量、耐力素质，增强肌肉本体感觉。

🎯 单元目标

❶ **知识技能学习目标** 通过学习，学生能初步掌握长拳和太极拳的基本功法、组合动作技术，能正确认识、区分和把握不同拳种的风格特点与本体感受，了解太极拳蕴含的阴阳哲学，形成一定的动觉表象。

❷ **体能素质锻炼目标** 通过桩功、太极拳基本功法等专项身体素质的练习，发展柔韧性、力量、耐力素质，增强肌肉本体感觉，提升肢体控制能力。

❸ **情感品格培养目标** 通过学、练、赛，学生能培养合作意识、竞争意识、尊重意识，具有一定的情绪调控能力，提升发现问题和分析问题的能力。

一 学

（一）单元学习内容

1 腿功

（1）前扫腿　左丁步起势，上体向左后转，两臂随身体转圆，左掌向左上方架掌，右掌变勾手摆至体后；左腿屈膝全蹲，以左脚前掌支撑碾地，右腿平铺，直腿向左扫转一周（图2-5-1①②）。

（2）后扫腿　左弓步双推掌，上体右转并前俯，左腿屈膝全蹲成右仆步；同时，两掌向下撑地，以左脚前掌支撑碾地为轴，右脚贴地向后扫转一周（图2-5-2①—③）。

图2-5-1①②　前扫腿

图2-5-2①—③　后扫腿

2 太极拳桩功

（1）无极桩　两脚左右开立，与肩同宽，两腿微屈；两臂屈肘合抱于体前，两掌心向内，指尖相对（图2-5-3）。

（2）开合桩　两脚左右开立，与肩同宽，两腿微屈；两臂屈肘合抱于体前，两掌心向内，指尖相对，两臂向左右两侧做开合动作（图2-5-4①②）。

（3）升降桩　两脚左右开立，与肩同宽，两腿微屈；两臂屈肘合抱于腹前，两掌心向下；两臂随重心上下移动，由下向左右两侧

图2-5-3　无极桩

再向上画圆做升降动作（图2-5-5①—③）。

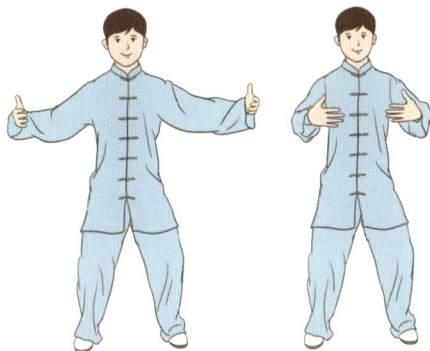

图2-5-4①② 开合桩　　　　　　　　　　　图2-5-5①—③ 升降桩

❸ 野马分鬃

右抱球势，左脚向左前方上步成左弓步，两掌前后分掌，重心后移，左脚向外撇，翻左掌心向下；重心前移收右脚，两掌左抱球。向右前方上右脚成右弓步，两掌前后分掌，目视右手（图2-5-6①—④）。

图2-5-6①—④ 野马分鬃

❹ 搂膝拗步

右手举至右肩外右上方，左手至右胸前，左脚收至右脚内侧，目视右手。身体左转，左脚向左前方上步成左弓步；同时右手倒掌向前推出，左手搂手落于左胯旁；重心后移，微向外撇左脚，重心前移，收右脚；同时左手向外画弧至左肩外侧，右手画弧落于左胸前。身体右转，右脚向右前方上步成右弓步；同时左手倒掌向前推出，右手搂手落于右胯旁；目视左手指（图2-5-7①②）。

❺ 倒卷肱

上体右转，左手向前上方平举，右手向后上方平举，两臂微屈成合抱圆。右臂屈肘前推，左臂屈肘向下向后画圆至腹部；同时左脚弧形后撤步，重心移到左腿成右虚步，目视右手。左手向后上方画弧平举，之后再屈肘折向前推，右臂屈肘向下向后画圆至腹部，同时右脚弧形后撤步，身体重心移到右腿，成左虚步，目视左手（图2-5-8①②）。

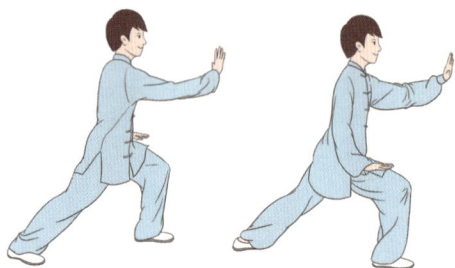

图2-5-7①② 搂膝拗步   图2-5-8①② 倒卷肱

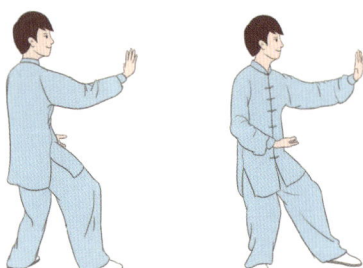

❻ 弹腿冲拳—大跃步前穿—弓步击掌

右腿支撑，左腿弹腿，冲右拳；左腿屈膝，右拳变掌下挂，身体前倾；左脚前落猛力蹬地向前跃出，右腿屈膝向前提起，两掌向前向上画弧摆起；右腿、左腿依次落地，左脚向前铲出成仆步。右掌变拳抱于腰侧，左掌立掌摆至右胸前，左掌向左后方搂手变勾手，同时蹬右腿推右掌，成左弓步击掌（图2-5-9①—⑤）。

图2-5-9①—⑤ 弹腿冲拳—大跃步前穿—弓步击掌

❼ 弓步击掌—转身踢腿—马步盘肘

弓步击掌，两脚以前脚掌为轴向左后转体180°，同时两臂立圆抡臂，右掌变勾手摆至体后，左臂向头上方亮掌。右腿正踢腿落地后身体左转90°，两腿屈膝成马步。左掌变拳收至腰间，右勾手变拳屈肘，向前平摆横击，肘尖向前（图2-5-10①—④）。

图2-5-10①—④ 弓步击掌—转身踢腿—马步盘肘

8 左右野马分鬃—白鹤亮翅—左右搂膝拗步

左右野马分鬃接白鹤亮翅，跟右脚两手体前抱球，重心后移，身体微右转举起右手，左手向左下方画弧落于左胯旁，成虚步两手上下分手，接左右搂膝拗步（图2-5-11①—⑨）。

图2-5-11①—⑨ 左右野马分鬃—白鹤亮翅—左右搂膝拗步

9 左右倒卷肱—左揽雀尾—右揽雀尾

左右倒卷肱接左揽雀尾，收左脚右抱球，上左脚成左弓步掤左臂，右转体后移重心，下画弧捋两手，合手弓步前挤，重心后移，弧形引两手至腹前，重心前移成左弓步，前按双掌。右揽雀尾同左揽雀尾，方向相反（图2-5-12①—⑩）。

图2-5-12①—⑩　左右倒卷肱—左揽雀尾—右揽雀尾

（二）单元学习方法

本单元学习遵循青少年学习运动技能的规律，使学生在观察、模仿、体验过程中潜移默化地体悟中华优秀传统文化的魅力。

❶ 观察示范学习法

教师在示范动作时，学生通过听、观察、模仿进行学习。首先观察教师上肢动作的方法、顺序和路线，其次观察下肢动作的变化，以及上下肢动作的协调配合时机，最后注意观察手、眼、身法、步的密切配合。

❷ 体验感知学习法

学生在动作模仿和体验过程中，注重在组合动作中体验步型变换的要点，上下肢动作的配合、动作的发力顺序以及底盘架子的稳定性；尤其要在太极拳动作的学习过程中体验立身中正、虚实分明的本体感受。

二　练

（一）练习方法设计思路

本单元练习方法的设计以激发学生练习主动性为主，遵循由易到难的原则，动作幅度由小到大，姿势由高到低，先分解后完整，先上肢后下肢；寓教于乐，创新练习方法，增强其趣味性和简易操作性，尽可能利用最简单、易操作的器材和用具，通过"语言提示""慢速领做""站桩定型""上下肢分解练习""完整练习"等丰富多样的练习方法，激发学生的练习积极性，增强学生的肌肉本体感觉，让学生掌握武术基本功、组合动作的技术要领，增强规则意识。

（二）练习与组织

❶ 单个技术练习

练法 1

【练法名称】前扫腿

【练习目的】掌握扫腿的动作要领和稳定性。

【练习方法】左膝稍屈，先进行站立扫转动作；左腿半蹲支撑扫转练习；进行两手扶地左腿全蹲扫转；在掌握动作要领的基础上，进行不扶地前扫腿练习。

【场地器材】武术地毯或平整的场地。

【练习要求】前扫腿要求头部上顶，上体正直。扫转时，右腿伸直，保持身体重心平衡。

【拓展建议】增加扫转度数进行练习。

练法 2

【练法名称】桩功练习

【练习目的】掌握升降桩的动作要领。

【练习方法】两腿微屈，两手向两边外侧画圆，稍快速度进行升降练习，掌握路线；两手尽可能放慢速度进行升降练习。

【场地器材】武术地毯或平整的场地。

【练习要求】沉肩、坠肘、松髋，身躯中正，头颈正直；呼吸要起吸落呼，要求深、沉、匀、细；初步静站不超过3分钟，逐渐增加练习时间。

【拓展建议】体会身体在慢速运动中的本体感受。

练法 3

【练法名称】野马分鬃

【练习目的】掌握野马分鬃的动作要领。

【练习方法】原地进行左右抱球两手前后分掌练习；两手叉腰，两脚依次进退虚实转换，走S形路线进行步法练习；上下肢配合完整练习左右野马分鬃。

【场地器材】武术地毯或平整的场地。

【练习要求】身体不可前俯后仰，胸部微含。两臂分开时要保持弧形。弓步时，膝盖不可超过脚尖，后腿自然伸直；前后脚的脚跟要分别处在中轴线两侧，两者之间应保持合适的横向距离。

【拓展建议】尝试在循环练习过程中，在前进中画出圆形、正方形、三角形等不同图形的路线再回到原位。

练法
4

【练法名称】搂膝拗步

【练习目的】掌握搂膝拗步的动作要领。

【练习方法】原地进行左右搂手推掌动作练习；两手叉腰，两脚依次进退虚实转换，走S形路线进行步法练习；手脚配合完整练习左右搂膝拗步。

【场地器材】武术地毯或平整的场地。

【练习要求】身体不可前俯后仰，要松腰松胯、立身中正。推掌时要沉肩坠肘，舒指坐腕。

【拓展建议】尝试在行进间练习过程中，按照圆形、正方形、三角形等不同图形的路线循环练习。

练法
5

【练法名称】倒卷肱

【练习目的】掌握倒卷肱的动作要领。

【练习方法】原地进行左右卷掌、推掌动作练习；两手叉腰，两脚依次向后走S形路线进行退步练习；手脚配合完整练习左右倒卷肱。

【场地器材】武术地毯或平整的场地。

【练习要求】卷掌、推掌要自然，避免僵硬。退步时，脚溜地走弧线退步，落脚要在中轴线两侧。

【拓展建议】体会退中欲攻的攻防技击含义。

❷ 组合技术练习

练法 1

【练法名称】 弹腿冲拳—大跃步前穿—弓步击掌

【练习目的】 掌握步法转换的灵活、快速，尤其要掌握跳跃动作的要领和稳定性。

【练习方法】 原地练习两手抡臂亮掌、摆掌，再握拳、收掌到腰间；练习跃步接仆步；练习原地仆步转弓步；完整练习大跃步前穿；完整练习组合动作。

【场地器材】 武术地毯或平整的场地。

【练习要求】 姿势正确，劲力顺达，动作连贯，节奏分明；弹腿快速有力，力点清晰，大跃步要高要远，稳定性好，姿势舒展，仆步转弓步干净利落。

【拓展建议】 比一比谁的大跃步跳得又高又远又稳。

练法 2

【练法名称】 弓步击掌—转身踢腿—马步盘肘

【练习目的】 增强转身抡臂的灵活性、快速性、稳定性，掌握肘击动作的力点，提高肩部和下肢的柔韧素质；了解"四击、八法、十二形"知识。

【练习方法】 练习原地转身抡臂；练习原地正踢腿；练习原地直立拧腰盘肘；练习完整马步盘肘；完整练习组合动作。

【场地器材】 武术地毯或平整的场地。

【练习要求】 转身动作快速稳定，抡臂要圆，手臂伸直；正踢腿快速有力，马步盘肘力点清晰，稳定性好，动作干净利落。

【拓展建议】 比一比谁做的正踢腿又高又快。

练法 3

【练法名称】 左右野马分鬃—白鹤亮翅—左右搂膝拗步

【练习目的】 提高前进步的稳定性，获得手臂运劲如抽丝的本体感受，提高下肢的力量素质。

【练习方法】 练习白鹤亮翅上肢动作，练习原地两手画里合圈；原地正抱球，上下分掌；练习下肢动作，跟右脚变左虚步；完整练习白鹤亮翅；完整练习组合动作。

【场地器材】 武术地毯或平整的场地。

【练习要求】 白鹤亮翅定势时胸微含，两臂都要保持弧形，左膝微屈。身体重心后移和右手上提、左手下按要协调一致。

【拓展建议】 尝试调整整体动作路线，循环练习使其沿正方形路线行进。

练法 **4**

【练法名称】 左右倒卷肱—左揽雀尾—右揽雀尾

【练习目的】 提高学生后撤步的稳定性，掌握太极拳基本功法掤、捋、挤、按的动作要领，提高下肢的力量素质。

【练习方法】 原地练习左右掤、捋、挤、按；原地练习弓步前后转换重心；进行完整左右揽雀尾动作练习；完整练习组合动作。

【场地器材】 武术地毯或平整的场地。

【练习要求】 左右揽雀尾转换时重心虚实要明晰，下捋时，上体不可前倾，臀部不要凸出。向前按时，两手须走曲线，两肘微屈。

【拓展建议】 连续进行左右揽雀尾动作，比一比谁完成的次数多。

三 赛

（一）教学比赛设计思路

本单元教学比赛的设计，要根据学情确定相应的比赛运动负荷、动作难度、活动方式和比赛方法，制定严谨的比赛规则。通过看谁画得圆、定海神针等形式活泼、富有竞争性的比赛，促进练习，寓身心教育于比赛之中，培养学生顽强的意志品质和团结合作精神，开发创新思维。

（二）教学比赛方法与组织

❶ 单个技术比赛方法

比赛 **1**

【比赛名称】 看谁画得圆

【比赛目的】 提高扫转性腿法技术，提升低姿态身体控制力和协调性。

【比赛方法】 将学生平均分为若干组，成体操队形站立。教师发令后每组派一人立即做一次前扫腿，完成扫腿人数多的组为胜。

【注意事项】 扫转腿脚掌不能离地；扫腿画圆达到360°为完成。

【场地器材】 武术地毯或平整的场地。

【拓展建议】 尝试用后扫腿进行比赛。

比赛
2

【比赛名称】 定海神针

【比赛目的】 体会太极拳身形姿态正确的重要性，掌握运动中立身中正的方法，提高下肢力量素质和团结协作能力。

【比赛方法】 将学生平均分为若干组，每组面对面围成一个圈，各队学生头顶饮料瓶（含1/3水）做升降桩动作，重心和手臂无上下明显移动者、手臂和重心移动不协调者、瓶子掉落地面者、用手扶瓶子者、动作变形严重者均淘汰下场，在3分钟内淘汰人数最少的组获胜。

【注意事项】 可以用语言提醒队友，不可脚步移动干扰对方。

【场地器材】 武术地毯或平整的场地、饮料瓶。

【拓展建议】 引导学生理解太极拳身形姿态正确对稳定的重要性。

---

❷ 组合技术比赛方法

比赛
1

【比赛名称】 弹腿冲拳—大跃步前穿—弓步击掌

【比赛目的】 掌握步法转换的灵活性和稳定性，培养竞赛意识和敢于拼搏的良好品质。

【比赛方法】 将学生平均分为若干组，每组分别进行组合动作演练，教师现场评分。

【注意事项】 比赛之前和结束之后要行抱拳礼。

【场地器材】 武术地毯或平整的场地。

【拓展建议】 可以尝试换成弓步击掌—转身踢腿—马步盘肘组合动作进行比赛。

比赛
2

【比赛名称】 太极拳创编赛

【比赛目的】 掌握左右野马分鬃、白鹤亮翅、左右搂膝拗步、左右倒卷肱、左揽雀尾、右揽雀尾动作要领，提升武术创新应用能力和团结协作的能力。

【比赛方法】将学生平均分为若干组，每组集体进行动作创编，然后抽签依次演练，教师现场评分。

【注意事项】演练时间1—3分钟，编排动作可重复，可以有队形变换，必须在规定时间内编排完成，动作要规范。比赛之前和结束之后要行抱拳礼。

【场地器材】武术地毯或平整的场地。

【拓展建议】引导学生发现太极拳的运动规律。

四　评

（一）知识技能学习评价

1. 通过太极拳桩功、组合动作练习，学生能完成无极桩、开合桩、升降桩、野马分鬃、搂膝拗步、倒卷肱的动作演练，能体现太极拳柔和缓慢、虚实分明的特点。

2. 通过扫转性腿法、组合动作学习，学生能基本完成前扫腿、后扫腿动作，转体、俯身、撑地用力连贯紧凑，上下肢动作协调一致；正确把握弹腿冲拳—大跃步前穿—弓步击掌—转身踢腿—马步盘肘组合动作的规格，大跃步前穿腾空高、落地远，马步盘肘力点清晰，组合动作动静分明，稳定性好。

3. 学生能表述所学动作的动作要领和练习方法，了解"四击、八法、十二形"的基本知识，具备对自身学习和练习情况进行评价的能力。能针对不同运动项目特点、男女差异等，运用正确方法对同伴的动作规格和演练水平做出客观评价，对教师以及同伴的评价做出正确的反馈。

（二）体能素质锻炼评价

通过桩功、组合动作练习以及定海神针比赛等方法，学生的耐力和下肢力量得以增强。

（三）情感品格培养评价

通过学、练、赛，学生能形成正确的合作意识、竞争意识和尊重意识，具有挑战自我和情绪调控的能力，具备发现问题、分析问题和解决问题的能力。

第二节　单元二教学策略

本单元主要学习内容包括太极拳基本技术、长拳与太极拳组合动作和太极推手格斗技术；通过学、练、赛，学生柔韧性、力量、耐力素质得到发展，提高了运动技术能力，了解长拳、太极拳组合动作的特点和不同的演练风格，掌握太极推手的基本技术。

单元目标

❶ **知识技能学习目标**　通过学习，学生能掌握太极拳基本技术、长拳和太极拳组合动作以及太极推手格斗技术，正确认识、区分和把握太极拳慢练快用、后发先至的主要技击理念，形成一定的动觉表象，面对进攻能够做出合理有效的防守反应。

❷ **体能素质锻炼目标**　通过太极拳基本动作及太极推手技术等专项身体素质的练习，发展柔韧性、力量、耐力、灵敏素质，增强不同速度下的肢体控制能力。

❸ **情感品格培养目标**　通过学、练、赛，学生能形成正确的合作意识、竞争意识、尊重意识，提升发现问题、分析问题和解决问题的能力。

一　学

（一）单元学习内容

❶ 双峰贯耳

左腿屈膝半蹲，右脚向右前方上步成右弓步；同时握拳，分别从两侧向上、向前画弧至面部前方，成钳形状，两拳相对，高与耳齐，拳眼都斜向下，目视右拳（图2-5-13）。

❷ 搬拦捶

右脚上步成右虚步，右脚跟着地勾脚尖，右拳经左臂内侧向前翻转搬出，拳心向上，高与胸平，左掌顺势按至左胯旁；目视右拳。身体右转，重心移至右腿，上左步，左前臂外旋，左掌由左向前画弧拦至体前，右拳画弧收于腰间，拳心向上。接着成左弓步，右拳向前打出，拳眼向上，左掌收于右臂内侧；目视右拳（图2-5-14①—③）。

图2-5-13　双峰贯耳　　　　　　　　图2-5-14①—③　搬拦捶

❸ 仆步亮掌—弓步劈拳—换跳步弓步冲拳—马步冲拳—弓步下冲拳

仆步亮掌起始，右腿蹬地起身，左腿收回并向左前方上步，右手变拳收腰间，左手变掌向左搂手，右腿经左腿向前上步成右弓步，右拳向前劈拳；接着重心后移，收右脚；右拳变掌向下画弧挂掌，左掌背贴靠右肘内侧；两臂抡臂转体换跳步，两手抡臂，右手变拳收至腰间，左掌屈肘下按；上左脚成左弓步冲拳，身体右转变马步冲拳；右脚蹬直成左弓步，左掌变拳向下经体前向上架于头左上方，右拳自腰间向左前斜下方冲出（图2-5-15①—⑥）。

图2-5-15①—⑥　仆步亮掌—弓步劈拳—换跳步弓步冲拳—马步冲拳—弓步下冲拳

❹ 弓步顶肘—转身左拍脚—右拍脚—腾空飞脚—歇步下冲拳

左弓步顶肘，两臂随身体右后转体180°立圆抡臂；左、右腿伸直依次向前上踢起，脚面绷平；右掌拍左脚面，左掌拍右脚面；落地后接腾空飞脚、歇步下冲拳（图2-5-16①—⑤）。

图2-5-16①—⑤　弓步顶肘—转身左拍脚—右拍脚—腾空飞脚—歇步下冲拳

❺ 右蹬脚—双峰贯耳—转身左蹬脚—左下势独立—右下势独立

右蹬脚，两手交叉合抱于胸前，掌心向内；左腿微屈，右腿提膝，两臂左右画弧分开平举，同时右脚向右前方慢慢蹬出，目视右手。双峰贯耳、转身左蹬脚、左下势独立，收左腿，右掌变勾手，左掌画弧落于右胸前，右腿屈膝下蹲，左腿向左后方伸出成左仆步；左掌下落向前穿掌；身体重心前移，右腿后蹬，提膝成独立式，左掌下按，右掌上挑；右脚下落点地身体左转，同时左手平举变勾手，右掌立于左胸前，做右下势独立，同左下势独立，方向相反（图2-5-17①—⑦）。

图2-5-17①—⑦　右蹬脚—双峰贯耳—转身左蹬脚—左下势独立—右下势独立

❻ 海底针—闪通臂—转身搬拦捶

海底针，左脚上步成左虚步；右手斜向前下方插掌，左手落于左胯旁；闪通臂，左脚向前迈出成左弓步；同时右手屈臂上举，左手上提经胸前向前推出；目视左手，接着做转身搬拦捶（图2-5-18①—⑤）。

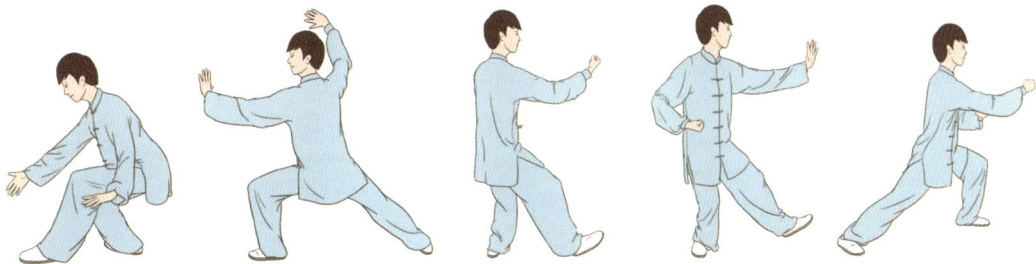

图2-5-18①—⑤　海底针—闪通臂—转身搬拦捶

❼ 野马分鬃推手

当乙正面上右步冲右拳打甲胸部时，甲用右手下採乙右手，化解乙攻击，甲左手由下向上插入乙腋下，贴近乙身体后侧上左脚扣双腿或脚跟，之后用左臂外侧分靠乙。

❽ 搂膝拗步推手

当乙左腿在前（也可以是右腿在前）冲左拳或踢左腿攻击甲时，甲左手搂开对方来拳或腿，上左脚套插对方脚跟或过步踏其中门，用右手推击乙胸部或肩部，斜向发力使乙失去重心进而被击出。

（二）单元学习方法

本单元学习以高效正确掌握长拳、太极拳的技能和知识为中心，依据实际情况设计循序渐进的学习方法，积极促进学习目标的达成。

❶ 观察示范学习法

教师在讲解和示范基本动作时，学生通过听、观察、模仿进行学习。首先观察教师上肢动作的方法、顺序和路线，其次观察下肢动作的变化，进而观察上下肢动作的协调配合时机，最后注意观察手、眼、身法、步的密切配合。

❷ 体验感知学习法

学生在动作模仿和体验过程中，注重体验在组合动作中由低姿到高姿步型变换的要点，上下肢动作的协调配合及底盘架子的稳定性；尤其在太极拳推手动作的学习过程中体验发力的顺序与技击效果的关系，在对抗中体验本体感受。

二 练

（一）练习方法设计思路

本单元练习方法的设计，从培养运动习惯、激发习武主动性出发，动作幅度由小到大，姿势由高到低，先分解后完整，先上肢后下肢，增强练习环节的趣味性和简易操作性；通过语言提示、慢速领做、上下肢分解练习、完整练习等丰富多样的练习方法，激发学生的练习积极性；在太极推手练习环节，设计由合作模仿练习到配合喂招练习，再过渡到对抗练习，注重太极拳动作的应用效果，在潜移默化之中建立格斗意识、竞赛意识、规矩意识和团结协作意识。

（二）练习与组织

❶ 单个技术练习

**练法
1**

【练法名称】双峰贯耳

【练习目的】掌握双峰贯耳的动作要领和稳定性。

【练习方法】原地练习两拳由腰间向两侧再向前画弧慢速打拳；练习前进步
法；上下肢配合完整练习双峰贯耳动作。

【场地器材】武术地毯或平整的场地。

【练习要求】定势时，头颈正直，松腰松胯，两拳松握，沉肩垂肘，两臂均保
持弧形。

【拓展建议】结合发力进行练习。

**练法
2**

【练法名称】搬拦捶

【练习目的】掌握搬拦捶的动作要领。

【练习方法】分别练习手臂搬、拦、捶的动作；练习下肢前进步法；上下肢协
调练习搬的动作；上下肢协调练习拦的动作；上下肢协调练习捶
的动作；完整练习搬拦捶动作。

【场地器材】武术地毯或平整的场地。

【练习要求】上下肢协调一致；右拳不可紧握。右拳回收时，前臂要慢慢内旋
画弧，然后再外旋停于右腰旁，拳心向上。向前打拳时，右肩随
拳略向前伸，沉肩坠肘，右臂要微屈。

【拓展建议】两人配合，慢速练习体会搬拦捶的技击含义。

❷ 组合技术练习

**练法
1**

【练法名称】仆步亮掌—弓步劈拳—换跳步弓步冲拳—马步冲拳—弓步下冲拳

【练习目的】掌握步型快速转换中的用力方法和稳定性，以及该组合动作的节奏。

【练习方法】练习仆步快速起身上步，弓步劈拳；练习换跳步；原地练习弓步

与马步转换；原地练习三个连续转换冲拳；完整练习组合动作。

【场地器材】武术地毯或平整的场地。

【练习要求】起身动作快速稳定，劈拳抡臂要圆，手臂伸直；换跳步稳定性好，三个连续转换冲拳力点要清晰，节奏分明。

【拓展建议】10秒内连续弓步马步转换冲拳，比一比谁做得多。

练法 **2**

【练法名称】弓步顶肘—转身左拍脚—右拍脚—腾空飞脚—歇步下冲拳

【练习目的】掌握拍脚击响动作要领，练习协调性和弹跳素质。

【练习方法】练习转身抡臂；原地练习抡臂击拍动作；练习左右单拍脚动作；完整练习组合动作。

【场地器材】武术地毯或平整的场地。

【练习要求】击拍要响亮；腾空飞脚起跳向上跳，勿向前冲。

【拓展建议】10秒内原地左右单拍脚，比一比谁做得最多。

练法 **3**

【练法名称】右蹬脚—双峰贯耳—转身左蹬脚—左下势独立—右下势独立

【练习目的】掌握独立控腿动作、低姿转高姿动作的方法和要领，提高平衡能力和下肢力量。

【练习方法】原地练习左右蹬腿动作；原地练习左右提膝独立动作；练习仆步转提膝独立动作；完整练习组合动作。

【场地器材】武术地毯或平整的场地。

【练习要求】蹬腿方向注意对称，身体要稳定，不可前俯后仰。两手分开时，腕部与肩齐平，分手和蹬脚须协调一致。下势独立要求上体要正直，肘关节与膝关节上下相对。

【拓展建议】尝试相互辅助练习蹬腿控腿。

练法 **4**

【练法名称】海底针—闪通臂—转身搬拦捶

【练习目的】掌握组合动作要领，提高下肢力量和协调性。

【练习方法】原地练习虚步静蹲；练习转身搬拦捶；完整练习组合动作。

【场地器材】武术地毯或平整的场地。

【练习要求】海底针上体不可过分前倾，避免低头和臀部外凸。转身搬拦捶左
脚扣脚幅度要尽可能大，上下肢要协调。

【拓展建议】体会组合动作的攻防技击含义。

练法 5

【练法名称】野马分鬃推手

【练习目的】掌握野马分鬃动作的技击用法要领。

【练习方法】空击练习野马分鬃分靠动作；慢速配合模仿练习野马分鬃技击方
法；半配合练习对抗技术；全对抗练习野马分鬃格斗技术。

【场地器材】武术地毯或平整的场地。

【练习要求】注意用力适度，不可跨阶段猛用力。

【拓展建议】引导学生体会攻防技击的关键环节，并尝试练习搂膝拗步推手
技法。

三 赛

（一）教学比赛设计思路

本单元教学比赛的设计依据教学目标制定比赛规则，从集体比赛入手，通过模拟比
赛场景，使学生体验比赛时的身体和心理变化，培养学生的合作精神和勇于克服困难的
品质，增强竞争意识、规则意识和尊重意识。

（二）教学比赛方法与组织

❶ 单个技术比赛方法

比赛 1

【比赛名称】双峰贯耳

【比赛目的】进一步练习双峰贯耳动作，在比赛环境下提升平衡能力和上下肢
协调性。

【比赛方法】将学生平均分为若干组，每组按照不同的队形集体进行动作演
练，然后抽签依次演练，教师现场评分。

【注意事项】演练动作要规范、整齐，可喊口令提示。比赛之前和结束之后要
行抱拳礼。

【场地器材】武术地毯或平整的场地。

【拓展建议】引导学生发现集体练习时动作整齐的方法。

比赛 2

【比赛名称】搬拦捶

【比赛目的】巩固和提高搬拦捶技术水平，在比赛环境下提升方向感和上下肢协调性。

【比赛方法】将学生平均分为若干组，每组按照不同的队形集体进行动作演练，然后抽签依次演练，教师现场评分。

【注意事项】演练动作要规范、整齐，可喊口令提示。比赛之前和结束之后要行抱拳礼。

【场地器材】武术地毯或平整的场地。

【拓展建议】引导学生发现准确完成搬拦捶动作的要点。

❷ 组合技术比赛方法

比赛 1

【比赛名称】右蹬脚—双峰贯耳—转身左蹬脚—左下势独立—右下势独立

【比赛目的】进一步提高组合动作演练水平，在比赛环境下，提升独立、平衡的身体控制力。

【比赛方法】将学生平均分为若干组，每组按照不同的队形集体进行动作演练，然后抽签依次演练，教师现场评分。

【注意事项】演练动作要规范、整齐，可喊口令提示。比赛之前和结束之后要行抱拳礼。

【场地器材】武术地毯或平整的场地。

【拓展建议】可换成海底针—闪通臂—转身搬拦捶组合动作进行比赛。

比赛 2

【比赛名称】仆步亮掌—弓步劈拳—换跳步弓步冲拳—马步冲拳—弓步下冲拳

【比赛目的】进一步提高长拳组合动作演练水平，提升学生竞赛意识和团结协作的能力。

【比赛方法】将学生平均分为若干组，每组集体进行动作演练，然后抽签依次
　　　　　　演练，教师现场评分。

【注意事项】演练动作要规范、整齐，可喊口令提示。比赛之前和结束之后要
　　　　　　行抱拳礼。

【场地器材】武术地毯或平整的场地。

【拓展建议】引导学生发现集体练习时动作做整齐的方法。

四　评

（一）知识技能学习评价

1. 通过模仿练习、慢速练习、喂招练习和对抗练习等方法，学生基本能完成双峰贯耳、搬拦捶、右蹬脚—双峰贯耳—转身左蹬脚—左下势独立—右下势独立、海底针—闪通臂—转身搬拦捶动作，正确认知、区分、把握太极拳慢练快用、后发先至的主要技击理念，掌握太极拳野马分鬃、搂膝拗步的推手格斗技术。

2. 通过组合动作练习，学生能正确完成仆步亮掌—弓步劈拳—换跳步弓步冲拳—马步冲拳—弓步下冲拳、弓步顶肘—转身左拍脚—右拍脚—腾空飞脚—歇步下冲拳动作，掌握步型快速转换中的用力方法和稳定性，体现动静分明的节奏感。

3. 学生能表述所学动作的动作要领和练习方法，能够学会并评价自己和同伴的太极拳基本技术、长拳和太极拳组合动作以及太极推手格斗技术，能对教师以及同伴的评价做出正确的反馈。

（二）体能素质锻炼评价

通过组合动作、太极拳推手攻防配合的练习，学生的下肢力量、平衡性和灵敏性能得到针对性提升。

（三）情感品格培养评价

通过基本技术、组合动作和推手格斗技术的学、练、赛，学生能具备合作精神、竞争意识、尊重意识，具有主动分析问题和解决问题的能力。

第三节　单元三教学策略

本单元主要学习内容包括初级长拳三路、二十四式太极拳以及格斗技术，不同区域

可以选取地域特色拳种进行学习。学生通过完整套路、专项身体素质的学、练、赛，提高运动技术，发展柔韧性、力量、耐力素质；提升武术套路学、练、赛能力，体现武术精气神，提高拳法组合的攻防运用能力。

🎯 单元目标

❶ **知识技能学习目标**　通过学习，学生能熟练掌握初级长拳三路、二十四式太极拳、地域拳种及格斗技术，正确认识和把握完整套路的演练技巧、方法、风格、节奏，以及技击理念的表达方法和意识。

❷ **体能素质锻炼目标**　通过完整套路演练和拳法组合格斗技术练习，提升柔韧性、力量、耐力、灵敏素质，增强肌肉控制力。

❸ **情感品格培养目标**　通过学、练、赛，学生能增强意志力、专注力和自信心，具有勇于挑战自我、积极调控情绪、主动解决问题的能力。

一　学

（一）单元学习内容

❶ 初级长拳三路

预备势

（1）虚步亮掌；（2）并步对拳。

第一段

（1）弓步冲拳；（2）弹腿冲拳；（3）马步冲拳；（4）弓步冲拳；（5）弹腿冲拳；（6）大跃步前穿；（7）弓步击掌；（8）马步架掌。

第二段

（1）虚步栽拳；（2）提膝穿掌；（3）仆步穿掌；（4）虚步挑掌；（5）马步击掌；（6）叉步双摆掌；（7）弓步击掌；（8）转身踢腿—马步盘肘。

第三段

（1）歇步抡砸拳；（2）仆步亮掌；（3）弓步劈拳；（4）换跳步弓步冲拳；（5）马步冲拳；（6）弓步下冲拳；（7）叉步亮掌侧踹腿；（8）虚步挑拳。

第四段

（1）弓步顶肘；（2）转身左拍脚；（3）右拍脚；（4）腾空飞脚；（5）歇步下冲拳；（6）仆步抡劈拳；（7）提膝挑掌；（8）提膝劈掌—弓步冲拳。

结束动作

（1）虚步亮掌；（2）并步对拳。

❷ 二十四式太极拳

（1）起势；（2）左右野马分鬃；（3）白鹤亮翅；（4）左右搂膝拗步；（5）手挥琵琶；（6）左右倒卷肱；（7）左揽雀尾；（8）右揽雀尾；（9）单鞭；（10）云手；（11）单鞭；（12）高探马；（13）右蹬脚；（14）双峰贯耳；（15）转身左蹬脚；（16）左下势独立；（17）右下势独立；（18）左右穿梭；（19）海底针；（20）闪通臂；（21）转身搬拦捶；（22）如封似闭；（23）十字手；（24）收势。

❸ 拳法组合：前摆拳—后直拳—前摆拳

格斗姿势站立，左腿蹬地、向右转胯、扭腰、送肩、挥臂打出前摆拳，收回前摆拳的同时右腿蹬地转胯、扭腰、送肩打出后直拳，收回后直拳的同时再顺势打出前摆拳，然后还原成格斗姿势（图2-5-19①—③）。

❹ 拳法组合：后直拳—前勾拳

格斗姿势站立，右腿蹬地转胯、扭腰、送肩打出后直拳，收回后直拳的同时左腿蹬地，左臂屈肘、拧腰由下向上打出前勾拳，然后还原成格斗姿势（图2-5-20①②）。

图2-5-19①—③　拳法组合：前摆拳—后直拳—前摆拳

图2-5-20①②　拳法组合：后直拳—前勾拳

（二）单元学习方法

本单元学习以掌握长拳、太极拳、格斗拳法组合的技术和知识为中心，循序渐进设置练习难度、练习方法和运动量，积极引导学生认真完成练习目标。

❶ 观察示范学习法

教师在示范基本动作时，学生通过听、观察、模仿进行学习。首先观察教师上肢动作的方法、顺序和路线，其次观察下肢动作的变化，进而观察上下肢动作的协调配合时机，最后要注意观察手、眼、身法、步的密切配合。

❷ 体验感知学习法

学生注重在1/4套、1/2套、整套以及超套的动作练习过程中体验不同环境、不同运动量下的本体感受，掌握练习方法，明白努力方向。

二 练

（一）练习方法设计思路

本单元练习方法的设计，从培养学生竞赛意识出发，遵循由易到难的原则，逐步增加运动量，循序渐进提高身体素质和演练水平；通过正误对比、情景模拟等练习方法，提高练习格斗技术的积极性，对攻防距离、时机有基础的认知。

（二）练习与组织

练法 1

【练法名称】拳法组合

【练习目的】掌握前摆拳—后直拳—前摆拳组合、后直拳—前勾拳组合的动作要领，了解拳法技术的攻防含义和实践运用。

【练习方法】甲乙面对面以格斗姿势站立，甲前摆拳佯装进攻，诱导乙方防守；然后迅速使用后直拳与前摆拳先后进攻乙头部；甲后直拳进攻乙头部，待乙方躲闪或格挡时，迅速使用前勾拳进攻乙方腹部或头部；乙方快速预判，及时撤步躲闪；互换角色进行攻防练习。

【场地器材】武术地毯或平整的场地、拳套、手靶或脚靶。

【练习要求】甲前摆拳要逼真，能够诱骗到乙；乙预判要准确，撤步要及时。动作衔接要流畅，击打位置要准确。

【拓展建议】模拟拳法组合在实战中的运用，体会动作的攻防含义。

练法 2

【练法名称】 初级长拳三路动作演练

【练习目的】 提高套路演练的速度、准确性、稳定性。

【练习方法】 分组进行单段、半套、整套动作的练习，教师进行现场点评。

【场地器材】 武术地毯或平整的场地。

【练习要求】 姿势正确，动作连贯，节奏分明，手、眼、身法、步配合协调。

【拓展建议】 引导学生观察动作的规格和演练水平，学会评价套路演练水平。

练法 3

【练法名称】 二十四式太极拳动作演练

【练习目的】 掌握动作的技术要领，提高下肢力量和稳定性。

【练习方法】 分组进行单段、半套、整套动作的练习，教师进行现场点评。

【场地器材】 武术地毯或平整的场地。

【练习要求】 体现太极拳连绵不断、缓慢均匀、虚实分明的特点，手、眼、身法、步配合协调。

【拓展建议】 引导学生观察动作的规格和演练水平，学会评价套路演练水平。

三 赛

（一）教学比赛设计思路

本单元教学比赛的设计从变换比赛环境和比赛方式入手，通过完整套路演练和拳法组合打靶比赛，引导学生学会主动调整自己的身体和心理状态，增强专注力和自信心，进一步提高对竞赛礼节、竞赛意识、套路节奏、出拳力度与准确度等方面的认知，达到以赛促学的目的。

（二）教学比赛方法与组织

比赛 1

【比赛名称】 初级长拳三路

【比赛目的】 正确认识和把握完整套路的演练技巧、方法、风格、节奏；提升耐力，增强意志力、专注力、自信心和竞赛意识。

【比赛方法】将学生平均分为若干组，每组分别完成初级长拳三路整套演练，
教师现场评分。

【注意事项】比赛之前和结束之后要行抱拳礼。

【场地器材】武术地毯或平整的场地。

【拓展建议】尝试不同环境下或者分男女组别竞赛。

比赛 2

【比赛名称】二十四式太极拳

【比赛目的】正确认识和把握完整套路的演练技巧、方法、风格、节奏；提升
耐力，增强意志力、专注力、自信心和竞赛意识。

【比赛方法】将学生平均分为若干组，每组分别完成二十四式太极拳整套演
练，教师现场评分。

【注意事项】比赛之前和结束之后要行抱拳礼。

【场地器材】武术地毯或平整的场地。

【拓展建议】尝试不同环境下或者男女分组别竞赛。

比赛 3

【比赛名称】拳法组合打靶

【比赛目的】掌握拳法组合要领，提升出拳速度、力度和准确度，增强意志
力、专注力、自信心和竞赛意识。

【比赛方法】两人一组进行1分钟拳法组合打靶比赛，必须完成前摆拳—后直
拳—前摆拳动作，教师根据打靶动作完成情况进行评分。

【注意事项】比赛之前和结束之后要行抱拳礼。

【场地器材】武术地毯或平整的场地、拳套、脚靶。

【拓展建议】模拟比赛环境进行拳法对抗练习。

四 评

（一）知识技能学习评价

1. 通过初级长拳三路、二十四式太极拳、地域拳种整套动作的学习，学生能够熟练
完成不同拳种的演练，动作规范，劲力顺达，突出拳种的演练风格。

2. 通过前摆拳—后直拳—前摆拳组合、后直拳—前勾拳组合的练习，学生能熟练完成拳法的攻防配合，预判要准确，防守要及时，击打位置要准确。

3. 学生能清晰表述所学动作的动作要领和练习方法，能从演练技巧、方法、风格、节奏和格斗的攻防配合等方面客观评价自身的学练情况。学生熟知该单元的技术要求，达到武术运动能力等级五级达标考核标准。

（二）体能素质锻炼评价

通过完整套路演练和拳法组合的攻防转换练习，学生的耐力、灵敏素质得到进一步加强。

（三）情感品格培养评价

通过完整套路和格斗技术的学、练、赛，学生的意志力、专注力和自信心能得到培养，能具备勇于挑战自我，积极调解情绪，主动解决问题的能力。

第六章 | 武术模块六教学策略

模块六共分为四个单元，内容以长拳组合动作、太极拳组合动作、套路演练、太极推手、格斗技术及短器械技术为主，其中套路内容采取第一套国际武术竞赛套路长拳、四十二式太极拳、地域拳种任选一项的方式，根据自身特点和兴趣进行不同拳种的选择性学习。建议72课时完成。

本模块的教学设计注重情境式教学，强化专项技能的提升。通过组合动作、完整套路、格斗技术的学与练，培养学生自学和团结协作的能力、创新意识及编创套路的能力。通过模拟比赛场景，引导学生体验裁判员、运动员、检录员、宣告员等不同角色，提升竞赛组织与规则实践运用能力，强化武德修养。

第一节 单元一教学策略

本单元要学练武术的跳跃、平衡、基本动作、组合动作，能够充分体现不同拳种组合的演练风格。经过学、练、赛，学生能够熟练掌握本单元的武术运动技能，提高武术自学能力以及创新意识。

单元目标

❶ **知识技能学习目标** 通过学习，学生能了解武术竞赛规则及武术鉴赏知识，形成拳术组合演练风格，具备自学、自练的能力。

❷ **体能素质锻炼目标** 通过控腿及跳跃动作等专项身体素质的练习，提升弹跳、力量素质，增强平衡能力。

❸ **情感品格培养目标** 通过贯串始终的武德与武术礼仪学习，学生能形成自觉的行为规范和创新意识，具备克服困难、坚持不懈的意志品质。

一 学

（一）单元学习内容

① 跳跃

（1）腾空摆莲　高虚步推掌，左脚、右脚依次向右前方上步，左腿向右上方摆起，同时，两手于头上击响，右脚蹬地跳起，身体向右旋转，腾空。右腿外摆，两手击拍右脚面，左腿伸直置于体侧（图2-6-1①—③）。

（2）旋子　左脚向左后方落步，上身随之向前平俯，向左向后甩腰，两臂自右向左随之平甩；左脚蹬地，右腿、左腿依次向左上旋摆，借甩动的惯性使身体腾空平旋一周后依次落地（图2-6-2①—⑤）。

图2-6-1①—③　腾空摆莲

图2-6-2①—⑤　旋子

② 平衡

　　侧身举腿平衡　一腿支撑，挺膝伸直站稳，身体前俯略低于水平，挺胸抬头；另一腿向后上方尽量伸举，高于水平，腿须伸直，脚面绷平（图2-6-3①②）。

图2-6-3①②　侧身举腿平衡

❸ 掩手肱捶

左脚收于右脚内侧，重心在右腿，两掌掩合于体前；左脚向左开步，重心转至左腿；两掌左右分开，掌心向外；重心右移，身体稍右转，左掌摆至体前，右掌变拳收于胸前；重心左移，身体左转，快速蹬右腿成左弓步；右拳向前发力冲打，左掌收于左腹（图2-6-4）。

图2-6-4　掩手肱捶

❹ 玉女穿梭

右脚向右前方上步，左脚跟步，右脚再向前方上步成右弓步。左掌随右脚上步附于右腕内侧上举于胸前；随左脚跟步，两掌向前画平弧，右掌屈肘内旋向右后画平弧至右肩前上方，左掌随之画弧后收于左腰际；重心前移，成右弓步，身体右转，右掌上架于右额前上方，左掌前按至体前（图2-6-5①②）。

图2-6-5①②　玉女穿梭

❺ 并步砸拳—上步拍脚—提膝冲拳—腾空转身摆莲—上步弹踢—侧身举腿平衡

砸拳干脆有力，前拍脚高度过肩，提膝腿高于水平，支撑腿要稳固，腾空外摆，击拍干脆，弹腿力点准确，平衡稳定静止2秒（图2-6-6①—⑨）。

图2-6-6①—⑨　并步砸拳—上步拍脚—提膝冲拳—腾空转身摆莲—上步弹踢—侧身举腿平衡

❻ 抡臂砸拳—提膝抄拳—垫步旋子—上步拍脚—弓步撩掌

提膝抄拳力达拳面，提膝腿高于水平；左脚落地上右步，身体左后转，右脚垫步，撤左脚完成旋子起跳；上步拍脚高度过肩，拍脚接弓步撩掌衔接流畅自然，组合动作动静分明（图2-6-7①—⑦）。

图2-6-7①—⑦ 抡臂砸拳—提膝抄拳—垫步旋子—上步拍脚—弓步撩掌

❼ 撇身捶—捋挤势—进步搬拦捶—如封似闭

撇身捶：重心后移，右脚尖外撇，身体右转；左脚收于右脚内侧，左手握拳下落于小腹前，右掌附于左前臂内侧，左脚向左前方上步成左弓步；左拳翻转向前撇打拳。捋挤势：重心后移，左脚尖内扣，身体右转；左拳变掌，右掌向右画平弧，收于左臂内侧；重心前移，成左弓步；两掌后捋，右掌至腹前，左掌至胯旁，右脚收回；右脚向右前方上步，同时两臂交叉收于胸前；重心前移，成右弓步；两臂挤出，左掌贴于右腕内侧。重心后移，左脚外撇，身体左转；左掌向下画弧，右掌前伸。然后做进步搬拦捶、如封似闭（图2-6-8①—⑦）。

❽ 玉女穿梭—右左蹬脚—掩手肱捶—野马分鬃

玉女穿梭接右左蹬脚，重心右移，左脚内扣，身体右转；左掌翻转落于身体前，右掌收于左肘内侧，重心前移，身体左转，右掌穿过左掌向前，左掌向下收于左腰侧；身体右转，右脚收回；右掌向下，左掌向上同时画弧，两掌交叉合抱胸前，右脚提起蹬出；

图2-6-8①—⑦ 撇身捶—捋挤势—进步搬拦捶—如封似闭

两掌左右画弧分开。左蹬脚、掩手肱捶接野马分鬃，右拳变掌向下画弧至胸前，左掌外旋；重心右移，身体右转，两手向左缠绕摆动，两臂撑圆；重心左移，身体左转，两掌向左前方横列于腹前；重心后移，左脚收提，左掌托于左膝上，右掌心向外横于右侧；左脚上步，成左弓步；左掌向前穿靠，右掌撑至身体右方；右野马分鬃同左野马分鬃，方向相反（图2-6-9①—⑦）。

图2-6-9①—⑦ 玉女穿梭—右左蹬脚—掩手肱捶—野马分鬃

（二）单元学习方法

本单元的学习方法，注重培养学生自学意识，引导学生完成学习目标。

❶ 观察示范学习法

教师在示范武术基本功、组合动作时，让学生通过听、观察、模仿进行学习。首先观察教师上肢的动作、顺序和路线，其次观察下肢动作的变化，进而观察上下肢动作的协调配合时机。

❷ 体验感知学习法

教师组织学生进行动作模仿和体验，注重让学生体验腾空摆莲、旋子、侧身平衡，体验动作的发力顺序；体验组合动作中上下肢的配合，注重上下肢、左右脚配合的动作感知。

二 练

（一）练习方法设计思路

本单元的练习遵循从易到难的设计原则，通过语言提示、慢速领做、正误对比、目标辅助等丰富多样的练习方法，强化组合练习，帮助学生掌握武术拳术组合的动作要领，强化武德礼仪行为规范，使学生具备一定的武术鉴赏能力。

（二）练习与组织

❶ 单个技术练习

练法 1

【练法名称】腾空摆莲

【练习目的】掌握腾空摆莲动作要领和应用。

【练习方法】原地进行外摆腿练习；进行腾空摆莲动作助跑练习；熟练掌握动作后进行完整动作练习。

【场地器材】武术地毯或平整的场地。

【练习要求】助跑、蹬地衔接自然，外摆腿击拍响亮。

【拓展建议】体验腾空摆莲空中肢体感觉。

练法 2

【练法名称】旋子

【练习目的】掌握旋子动作要领，培养自学、自练与合作能力。

【练习方法】两手扶肋木或垫子进行右腿辅助摆腿练习；原地甩腰摆腿练习；左脚蹬地涮腰摆腿练习；熟练掌握动作后进行完整动作练习。

【场地器材】武术地毯或平整的场地、肋木、垫子。

【练习要求】练习摆腿时要挺胸、抬头、展髋，腰后屈；身体成水平旋转一周后落地，两腿要高过水平。

【拓展建议】甲乙两人进行自主、合作练习，甲站在乙左后方，左手抓握乙左手，乙起跳时，甲右手托举乙腹部，体验旋子空中肢体感觉。

练法 3

【练法名称】侧身举腿平衡

【练习目的】掌握侧身举腿平衡动作要领，提高平衡能力，磨炼坚持不懈的意志品质。

【练习方法】借助肋木进行左腿控腿练习；独立完成侧身平衡动作演练。

【场地器材】武术地毯或平整的场地、肋木。

【练习要求】身体侧身前俯、两腿伸直、后腿高举、脚面绷平、展腹、挺胸、抬头，目视前方。静止时间不低于10秒。

【拓展建议】练习时延长平衡时间。

---

❷ 组合技术练习

练法 1

【练法名称】并步砸拳—上步拍脚—提膝冲拳—腾空转身摆莲—上步弹踢—侧身举腿平衡

【练习目的】提高上肢、下肢力量和弹跳力，掌握组合动作要领，体会组合动作节奏、力度和速度的变化。

【练习方法】进行并步砸拳、上步拍脚动作练习；进行提膝冲拳接腾空转身摆莲动作练习；上步弹踢接侧身举腿平衡动作练习；在熟练掌握动作的基础上进行完整组合动作练习。

【场地器材】武术地毯或平整的场地。

【练习要求】动作规范，击拍干脆，动作衔接连贯，手眼配合协调。

【拓展建议】利用平衡组合对比精气神、速度与力量。

练法 2

【练法名称】抡臂砸拳—提膝抄拳—垫步旋子—上步拍脚—弓步撩掌

【练习目的】提高弹跳和平衡能力，掌握组合动作要领，体会长拳动迅静定的特点。

【练习方法】慢速领做抡臂砸拳、提膝抄拳动作练习；提膝抄拳接垫步旋子动作练习；上步拍脚、弓步撩掌动作练习；熟练掌握动作要领后进行完整组合动作练习。

【场地器材】武术地毯或平整的场地。

【练习要求】动作快速有力，动静分明，腾空动作舒展大方。

【拓展建议】可以采用个人或分组练习的方法，提高学生的练习积极性。

练法 3

【练法名称】撇身捶—捋挤势—进步搬拦捶—如封似闭

【练习目的】锻炼上下肢协调能力，体会太极拳虚实分明的特点。

【练习方法】原地练习撇身捶上肢动作，练习下肢动作，完整练习撇身捶动作；原地练习捋挤势上肢动作，练习下肢动作，完整练习捋挤势动作；完整练习组合动作。

【场地器材】武术地毯或平整的场地。

【练习要求】撇身捶注意收脚与上肢画弧要协调，弓腿撇拳要随腰转动。捋挤势两掌画弧要随腰转动，两臂后捋要走弧形，弓步前挤两臂要撑圆。

【拓展建议】引导学生体会发现腰是身体的核心。

练法 4

【练法名称】玉女穿梭—右左蹬脚—掩手肱捶—野马分鬃

【练习目的】掌握发力动作要领，增强上下肢协调能力，体会太极拳刚柔并济的特点。

【练习方法】原地练习玉女穿梭上肢动作，练习玉女穿梭下肢动作，完整练习玉女穿梭动作；原地练习独立蹬腿动作，完整练习右左蹬腿动作；原地练习掩手肱捶上肢动作，原地练习发力动作，上下肢协调练习掩手肱捶动作；原地练习野马分鬃上肢动作，练习野马分鬃下肢动作，完整练习野马分鬃动作；完整练习组合动作。

【场地器材】武术地毯或平整的场地。

【练习要求】玉女穿梭定势时身体不可前俯、耸肩，跟步要灵活；右左蹬脚身体要稳定；掩手肱捶冲右拳时要和拧腰蹬腿协调一致；野马分鬃两掌分掌时要和转腰一致。

【拓展建议】设置合适的目标物，练习发力动作。

三　赛

（一）教学比赛设计思路

本单元教学比赛的设计，强化专项技能的提升，引导学生了解武术竞赛知识。通过定量和定性相结合的方法，设计跳跃动作和整套演练的比赛，检验学练水平，有意识地培养学生自信、果敢的意志品质。

（二）教学比赛方法与组织

❶ 单个技术比赛方法

比赛

【比赛名称】连续旋子比赛

【比赛目的】掌握旋子动作要领，提升协调性、跳跃能力，培养坚持不懈的意志品质。

【比赛方法】将学生平均分为两组，比一比哪组队员完成旋子数量最多、最规范。

【注意事项】动作规范，必须腾空，旋子连接之间不能上步。比赛之前和结束之后要行抱拳礼。

【场地器材】武术地毯或平整的场地。

【拓展建议】尝试连续完成10个旋子，第10个能回到起点。

❷ 组合技术比赛方法

比赛 1

【比赛名称】并步砸拳—上步拍脚—提膝冲拳—腾空转身摆莲—上步弹踢—侧身举腿平衡

【比赛目的】进一步掌握组合动作要领，感悟组合动作在套路中的连贯性，培养克服困难、敢于拼搏的良好品质。

【比赛方法】两人一组，比一比谁的动作规范，速度、力量更具备长拳的风格特点。

【注意事项】充分活动身体各关节，防止受伤。比赛之前和结束之后要行抱拳礼。

【场地器材】武术地毯或平整的场地。

【拓展建议】可以进行多人集体比赛，培养学生的团队精神；鼓励学生自行创编包含腾空摆莲、侧身举腿平衡的组合动作的比赛，培养学生创编套路的能力和创新意识。

比赛 2

【比赛名称】玉女穿梭—右左蹬脚—掩手肱捶—野马分鬃

【比赛目的】提高组合动作技术演练水平，提升学生独立、平衡的身体控制力和发力技术。

【比赛方法】将学生平均分为若干组，每组分别进行组合动作演练，教师现场评分。

【注意事项】比赛之前和结束之后要行抱拳礼。

【场地器材】武术地毯或平整的场地。

【拓展建议】可换成撇身捶—捋挤势—进步搬拦捶—如封似闭组合动作进行比赛，也可以将掩手肱捶作为必选动作，自行创编组合动作进行比赛，培养创新意识。

四 评

（一）知识技能学习评价

1. 通过腾空摆莲、旋子及其组合动作练习，学生能完成并步砸拳—上步拍脚—提膝冲拳—腾空转身摆莲—上步弹踢—侧身举腿平衡，抡臂砸拳—提膝抄拳—垫步旋子—上步拍脚—弓步撩掌等组合动作，跳跃动作助跑与蹬地衔接自然，起跳充分，侧身平衡动作稳定，组合动作节奏鲜明，手、眼、身法、步协调配合，充分体现长拳姿势舒展、快速有力的特点。

2. 通过太极拳掩手肱捶、玉女穿梭动作和组合动作的学习，学生能熟练完成玉女穿梭—右左蹬脚—掩手肱捶—野马分鬃，撇身捶—捋挤势—进步搬拦捶—如封似闭组合动作的演练，充分体现太极拳虚实分明、刚柔并济的特点。

3. 学生会表述所学动作的动作要领和练习方法，能够针对不同运动项目特点，运用正确方法对自身学练情况、同伴的动作规格和演练水平进行客观评价，能对教师及同伴的评价做出正确的反馈。

（二）体能素质锻炼评价

通过控腿练习、连续旋子比赛等方法，学生的平衡能力、弹跳能力得到有效增强。

（三）情感品格培养评价

通过学、练、赛，学生养成良好的行为规范，具有创编组合动作的能力，具备不畏困难、坚持不懈的品质。

第二节　单元二教学策略

本单元主要内容包括第一套国际武术竞赛套路长拳、四十二式太极拳、地域拳种以及太极推手技术，根据地域不同特点，学生可以进行不同拳种的选择性学习，充分了解不同拳种组合的演练风格，熟练掌握本单元的武术运动技能。

单元目标

❶ **知识技能学习目标**　通过学习，学生能熟练掌握第一套国际武术竞赛套路长拳、四十二式太极拳、地域拳种及太极推手技术，正确认识和把握完整套路的演练技巧、方法、风格和节奏，提升攻防运用能力。

❷ **体能素质锻炼目标**　通过右分脚、太极推手技术等专项身体素质练习，提升柔韧性、力量、耐力、灵敏素质，增强上下肢的协调配合能力。

❸ **情感品格培养目标**　通过学、练、赛，学生能培养创新意识，强化发现问题、分析问题和解决问题的能力。

一 学

（一）单元学习内容

1 第一套国际武术竞赛套路长拳

第一节

（1）预备势；（2）并步按掌；（3）并步撩掌；（4）歇步挑掌；（5）上步拍脚；（6）弓步推掌；（7）弓步刁手；（8）弹踢推掌；（9）弓步冲拳；（10）并步砸拳；（11）上步拍脚；（12）提膝冲拳；（13）腾空转身摆莲；（14）上步弹踢；（15）侧身举腿平衡；（16）并步砸拳；（17）马步冲拳；（18）弓步推掌；（19）击响外摆腿；（20）高虚步劈拳。

第二节

（1）腾空飞脚；（2）提膝推掌；（3）上步旋风脚；（4）马步砸拳；（5）盖步双摆掌；（6）上步拍脚；（7）仆步抡拍掌；（8）抡臂砸拳；（9）并步推掌；（10）上步正踢腿；（11）虚步勾手；（12）提膝亮掌。

第三节

（1）仆步穿掌；（2）推掌蹬腿；（3）大跃步前穿；（4）仆步双拍掌；（5）推掌侧踹；（6）抓肩马步架打；（7）马步格肘；（8）马步架打；（9）横裆步亮掌。

第四节

（1）贯拳弓步顶肘；（2）扣腿冲拳；（3）歇步亮掌；（4）插步穿抹掌；（5）半马步挑掌；（6）冲拳弹踢；（7）插步冲拳；（8）弧行步击响里合腿；（9）上步拍地；（10）仆步横切掌。

第五节

（1）抡臂砸拳；（2）提膝抄拳；（3）垫步旋子；（4）上步拍脚；（5）弓步撩掌；（6）弓步盘肘；（7）扶地后扫腿；（8）抡臂砸拳；（9）虚步亮掌；（10）高虚步抱拳；（11）收势。

2 四十二式太极拳

第一段

（1）起势；（2）右揽雀尾；（3）左单鞭；（4）提手；（5）白鹤亮翅；（6）搂膝拗步；（7）撇身捶；（8）捋挤势；（9）进步搬拦捶；（10）如封似闭。

第二段

（1）开合手；（2）右单鞭；（3）肘底捶；（4）转身推掌；（5）玉女穿梭；（6）右左蹬脚；（7）掩手肱捶；（8）野马分鬃。

第三段

（1）云手；（2）独立打虎；（3）右分脚；（4）双峰贯耳；（5）左分脚；（6）转身拍脚；

（7）进步栽捶；（8）斜飞势；（9）单鞭下势；（10）金鸡独立；（11）退步穿掌。

第四段

（1）虚步压掌；（2）独立托掌；（3）马步靠；（4）转身大捋；（5）歇步擒打；（6）穿掌下势；（7）上步七星；（8）退步跨虎；（9）转身摆莲；（10）弯弓射虎；（11）左揽雀尾；（12）十字手；（13）收势。

❸ 玉女穿梭推手

甲右拳攻击乙，乙左臂掤架，左手迅速抓甲右手腕向左外画圆，蹬右腿发力，同时右手顺势伸入甲右腋下，向右上方搂提，之后左手推击乙。

❹ 如封似闭推手

乙两手抓拿甲右手或两手，后坐蓄劲，再向前推击甲。

❺ 单鞭推手

甲右手攻击乙，乙用右手捋之，变勾手抓拿，上左脚扣甲脚跟，左手向前推按，令甲跌倒。

（二）单元学习方法

本单元的学习，注重引导学生观察、模仿和体验不同拳种的风格，增强学生对太极推手的本体感受。

① 观察示范学习法

教师在示范基本动作时，让学生通过听、观察、模仿进行学习。学生首先观察教师上肢动作、顺序和路线，其次观察下肢动作的变化，进而观察上下肢动作的协调配合时机，最后注意观察手、眼、身法、步法的密切配合。

② 体验感知学习法

教师组织学生进行动作模仿和体验，注重让学生体验在组合动作中由低姿到高姿步型变换的要点，上下肢动作的协调配合及底盘架子的稳定性；尤其在太极拳推手动作的学习过程中体验发力的顺序与技击效果的关系，在对抗中增强本体感受。

二 练

（一）练习方法设计思路

本单元的练习遵循从易到难的设计原则，注重组合整套练习和攻防配合练习，通过语言提示、慢速领做、正误对比等练习方法，使学生掌握武术拳术组合及整套的技术要领，强化武德礼仪行为规范，使其具备一定的武术鉴赏能力。

（二）练习与组织

❶ 单个技术练习

练法
1

【练法名称】玉女穿梭推手

【练习目的】掌握玉女穿梭的推手要领，体会动作的攻防应用。

【练习方法】原地练习上肢动作，原地练习蹬右腿发力动作，上下肢协调练习
发力动作，两人配合练习玉女穿梭推手技术，实战练习玉女穿梭
推手技术。

【场地器材】武术地毯或平整的场地。

【练习要求】反应要快，上下肢发力要协调一致。

【拓展建议】采用拉橡皮筋的方法练习玉女穿梭发力。

练法
2

【练法名称】如封似闭推手

【练习目的】掌握如封似闭的推手要领，体会动作的攻防应用。

【练习方法】原地练习蹬腿向前按掌发力动作；推击沙袋练习按掌发力动作；
两人配合练习如封似闭推手技术；实战练习如封似闭推手技术。

【场地器材】武术地毯或平整的场地、沙袋。

【练习要求】发力时注意下沉身体，由下向上发力，向上拔对方的"根"。

【拓展建议】体会"推人如挂画"的技击含义。

练法
3

【练法名称】单鞭推手

【练习目的】掌握单鞭的推手要领，体会动作的攻防应用。

【练习方法】原地练习化解、推击动作；两人配合练习单鞭的推手技术；实战
练习单鞭的推手技术。

【场地器材】武术地毯或平整的场地。

【练习要求】注意"化、拿"一体，上步要注意扣住对方的脚，推击时注意上
下肢发力协调。

【拓展建议】进行左右单鞭的攻防技击练习。

---

❷ 组合技术练习

练法1

【练法名称】第一套国际武术竞赛套路长拳演练

【练习目的】正确认识和把握组合动作的演练风格、方法、节奏，提高套路演练的速度、准确性、稳定性。

【练习方法】教师慢速领做组合动作练习；分组进行组合动作练习；分组进行半套动作练习；分组进行完整套路练习。

【场地器材】武术地毯或平整的场地。

【练习要求】姿势正确，方法清楚，劲力顺达，力点准确，动作连贯，节奏分明，手、眼、身法、步配合协调。演练套路之前和结束之后要行抱拳礼。

【拓展建议】学生分组进行自主练习，学会取长补短，进行自评和互评，提高发现问题和分析问题的能力。

练法2

【练法名称】四十二式太极拳整套动作演练

【练习目的】掌握太极拳连绵不断、缓慢均匀、虚实分明、下盘稳固的技术要领，提高下肢力量和稳定性。

【练习方法】教师慢速领做组合动作；分组进行组合动作练习；分组进行半套动作练习；分组进行完整套路练习。

【场地器材】武术地毯或平整的场地。

【练习要求】姿势正确，动作连贯，节奏分明，手、眼、身法、步配合协调。演练之前和结束之后要行抱拳礼。

【拓展建议】进行半套、整套、超套练习。

三 赛

（一）教学比赛设计思路

本单元的比赛，通过模拟比赛场景、裁判角色体验等设计，引导学生了解武术竞赛组织流程，培养其武术鉴赏能力，提高对武术规则的理解与应用能力，增强创新意识，形成各自的演练风格。

（二）教学比赛方法与组织

❶ 单个技术比赛方法

比赛

【比赛名称】右分脚比赛

【比赛目的】掌握右分脚的动作要领，提高分腿高度和控腿能力，磨炼坚强的意志品质。

【比赛方法】将学生平均分为若干组，根据教师口令进行20秒原地右分脚控腿练习，右腿高度未过腰、身体晃动、右腿落地的学生被淘汰，20秒内完成分脚控腿人数多的组获胜。

【注意事项】右腿高度要过腰。比赛之前和结束之后要行抱拳礼。

【场地器材】武术地毯或平整的场地、秒表。

【拓展建议】提高控腿高度过肩，左右腿交替进行。

❷ 组合技术比赛方法

比赛
1

【比赛名称】第一套国际武术竞赛套路长拳

【比赛目的】改善套路的演练技巧、方法、风格、节奏，培养武术鉴赏能力。

【比赛方法】学生完成长拳整套演练，教师现场评分。

【注意事项】比赛之前和结束之后要行抱拳礼。

【场地器材】武术地毯或平整的场地。

【拓展建议】组建啦啦队，模拟比赛场景进行比赛，提高学生发现问题和解决问题的能力。

比赛
2

【比赛名称】四十二式太极拳

【比赛目的】熟悉太极拳的演练技巧、方法、风格、节奏，培养创新意识。

【比赛方法】将学生平均分为若干组，在不改变动作规格的前提下，每组可以进行集体队形变化的编排，也可以加音乐，教师根据编排是否合理新颖、队形变化是否整齐、演练是否体现太极拳风格等方面进行现场评分。

【注意事项】比赛之前和结束之后要行抱拳礼。

【场地器材】武术地毯或平整的场地。

【拓展建议】模拟比赛场景，选择部分学生担任裁判，提高学生对规则的理解和应用能力。

四 评

（一）知识技能学习评价

1. 通过第一套国际武术竞赛套路长拳、四十二式太极拳、地域拳种的学习，学生能熟练完成不同拳种的演练，动作规范，劲力顺达，突出不同拳种的演练风格。

2. 通过合作练习、实战练习等方法，学生能够熟练掌握玉女穿梭推手、如封似闭推手、单鞭推手动作的攻防应用。

3. 学生能清晰表述所学动作的动作要领和练习方法，熟知不同拳种的风格特点，能合理运用竞赛规则，从演练技巧、方法、风格、节奏、劲力等方面，对自身和同伴的演练水平进行客观评价，并对教师及同伴的评价做出正确的反馈。

（二）体能素质锻炼评价

通过推击沙袋练习、右分脚比赛、完整套路比赛等方法，学生的力量、柔韧性、耐力能得到增强。

（三）情感品格培养评价

通过学、练、赛，学生具有较强的专注力和创新意识，具备发现问题、解决问题的能力。

第三节　单元三教学策略

本单元的主要内容包括武术的器械和器械组合的使用方法，经过学、练、赛，学生能了解武术器械的分类和演练风格，熟练掌握本单元的武术运动技能，提高武术自学和编创套路的能力。

单元目标

① **知识技能学习目标** 通过学习，学生能了解武术器械的分类和演练风格，掌握刀术、剑术的基本技术，具备武术自学和创编套路的能力。

② **体能素质锻炼目标** 通过上肢的持械练习，提升灵敏性、力量素质，增强身体协调能力。

③ **情感品格培养目标** 通过学、练、赛，学生能具备勇于创新和团结协作的精神。

一 学

（一）单元学习内容

① **刀法**

（1）撩刀　立刀，刀刃由下向上撩，力达刀刃前部。正撩前臂外旋，手心朝上，刀沿身体右侧贴身弧形撩出；反撩前臂内旋，刀沿身体左侧撩出（图2-6-10①—③）。

（2）劈刀　立刀，由上向下为劈，力达刀刃（图2-6-11①—③）。

图2-6-10①—③　撩刀

图2-6-11①—③　劈刀

（3）砍刀　立刀，向右下方或左下方斜劈为砍（图2-6-12①②）。

（4）挂刀　立刀，刀尖由前向下、向后贴身立圆绕环，力达刀身前段（图2-6-13①②）。

（5）缠头裹脑刀　刀尖下垂，刀背沿左肩贴背绕过右肩为缠头，力达刀背；刀尖下垂，刀背沿右肩贴背绕过左肩为裹脑，力达刀背（图2-6-14①—⑥）。

图2-6-12①②　砍刀　　　　　　　　　　图2-6-13①②　挂刀

图2-6-14①—⑥　缠头裹脑刀

❷ 剑法

劈剑　立剑，由上向下为劈，力达剑身（图2-6-15①②）。

点剑　立剑，提腕，使剑尖猛向前下为点，力达剑尖（图2-6-16①②）。

崩剑　立剑，沉腕使剑尖猛向前上方为崩，力达剑尖（图2-6-17①②）。

刺剑　立剑，向前直出为刺，力达剑尖。臂与剑身成一直线（图2-6-18①②）。

剪腕花　以腕关节为轴，立剑在臂两侧向前下贴身立圆绕环，力达剑锋（图2-6-19①—③）。

图2-6-15①② 劈剑

图2-6-16①② 点剑

图2-6-17①② 崩剑

图2-6-18①② 刺剑

图2-6-19①—③ 剪腕花

❸ 提膝缠头—弓步平斩—仆步带刀—歇步下砍

缠头贴身，弓步平斩力达刀刃，步型转换清晰，歇步下砍，目视刀身（图2-6-20①—④）。

图2-6-20①—④ 提膝缠头—弓步平斩—仆步带刀—歇步下砍

④ **弓步撩刀—插步反撩—转身挂劈—仆步下砍**

撩刀贴身，插步反撩刀法清晰，劈刀力点准确，仆步下砍，目视刀身（图2-6-21①—④）。

图2-6-21①—④　弓步撩刀—插步反撩—转身挂劈—仆步下砍

⑤ **弓步平抹—弓步左撩—提膝平斩—回身下刺—挂剑直刺**

平抹力达剑身，弓步左撩力点准确，提膝平斩动作清晰，回身迅速刺剑力达剑尖，挂剑贴身（图2-6-22①—⑤）。

图2-6-22①—⑤　弓步平抹—弓步左撩—提膝平斩—回身下刺—挂剑直刺

⑥ 虚步平劈—弓步下劈—带剑前点—提膝下截—提膝直刺

虚步平劈剑与肩平；弓步下劈力达剑身；带剑前点动作清晰，力达剑尖；提膝下截目视剑身；提膝刺剑力达剑尖；组合动作器械方法清楚，衔接流畅（图2-6-23①—⑤）。

图2-6-23①—⑤　虚步平劈—弓步下劈—带剑前点—提膝下截—提膝直刺

（二）单元学习方法

本单元武术学习以掌握器械方法为主，注重单个技术动作的规范性，强化学生的安全意识。

① 观察示范学习法

教师在示范器械动作时，让学生通过听、观察、模仿进行学习。首先观察教师的持械手法、器械运行的路线，其次观察持械手和另一只手的配合变化。

② 体验感知学习法

教师组织学生进行动作模仿和体验，注重让学生体验器械的单个技术，体验动作的发力顺序和力点。

二 练

（一）练习方法设计思路

本单元练习方法遵循安全的原则进行设计，强化器械使用方法练习，通过语言提示、慢速领做、正误对比等丰富多样的练习方法，激发学生练习的积极性，增强手腕的灵活度，培养自学和创编组合动作的能力。

（二）练习与组织

❶ 单个技术练习

练法 1

【练法名称】撩刀

【练习目的】掌握撩刀的动作要领，提高身体和器械的协调配合能力。

【练习方法】教师慢速领做原地正撩刀动作练习、原地反撩刀练习、原地正反撩刀练习；学生独立完成撩刀动作练习；分组进行撩刀动作练习。

【场地器材】武术地毯或平整的场地、表演刀。

【练习要求】撩刀，刀刃要由下向上，力达前部；刀要贴身而行，刀随身起，身随刀行。

【拓展建议】行进间正反撩刀练习，体验身体和器械的协调配合。

练法 2

【练法名称】劈刀

【练习目的】掌握劈刀的动作要领，提高身体和器械的协调配合能力。

【练习方法】教师慢速领做原地右劈刀动作练习、原地左劈刀动作练习、原地左右劈刀练习；学生独立完成劈刀动作练习；分组进行劈刀动作练习。

【场地器材】武术地毯或平整的场地、表演刀。

【练习要求】劈刀要由上向下，力达刀刃，臂与刀成一直线。

【拓展建议】行进间左右劈刀练习，体验劈刀力达刀刃的感觉。

练法 3

【练法名称】砍刀

【练习目的】掌握砍刀动作要领，提高身体和器械的协调配合能力。

【练习方法】教师慢速领做原地右砍刀动作练习、原地左砍刀动作练习、原地左右砍刀练习；学生独立完成砍刀动作练习；分组进行砍刀动作练习。

【场地器材】武术地毯或平整的场地、表演刀。

【练习要求】砍刀向右下方或左下方斜劈，注意运行路线。

【拓展建议】行进间正砍刀练习，体验砍刀力达刀刃的感觉。

练法 4

【练法名称】挂刀

【练习目的】掌握挂刀动作要领，提高身体和器械的协调配合能力。

【练习方法】教师慢速领做原地右挂刀动作练习、原地左挂刀练习、原地左右挂刀练习；学生独立完成挂刀动作练习；分组进行挂刀动作练习。

【场地器材】武术地毯或平整的场地、表演刀。

【练习要求】挂刀要直臂屈腕，刀尖由前向下、向后贴身立圆绕环，力达刀身前段。

【拓展建议】行进间左右挂刀练习，体验挂刀力达刀背的感觉。

练法 5

【练法名称】缠头裹脑刀

【练习目的】掌握缠头裹脑刀的动作要领，提高身体和器械的协调配合能力。

【练习方法】教师慢速领做原地缠头动作练习、原地裹脑动作练习、原地缠头裹脑练习；学生独立完成缠头裹脑动作练习；分组进行缠头裹脑动作练习。

【场地器材】武术地毯或平整的场地、表演刀。

【练习要求】缠头裹脑要缠绕贴背，刀背不能远离身体。

【拓展建议】进行30秒内缠头裹脑动作练习，记录完成的次数。

练法
6

【练法名称】劈剑

【练习目的】掌握劈剑的动作要领，提高身体和器械的协调配合能力。

【练习方法】教师慢速领做原地劈剑动作练习；学生独立完成劈剑动作练习；分组进行劈剑动作练习。

【场地器材】武术地毯或平整的场地、表演剑。

【练习要求】劈剑要立剑由上向下，力达剑身，臂与剑成一直线。

【拓展建议】行进间左右劈剑练习，体验劈剑力达剑身的感觉。

练法
7

【练法名称】点剑、崩剑

【练习目的】掌握点剑、崩剑的动作要领，提高身体和器械的协调配合能力。

【练习方法】教师慢速领做原地点剑、崩剑动作练习；学生独立完成点剑、崩剑动作练习；分组进行点剑、崩剑动作练习。

【场地器材】武术地毯或平整的场地、表演剑。

【练习要求】点剑要迅速提腕，使剑尖猛向前下，力达剑尖；崩剑要立剑向前伸出后，迅速沉腕，使剑尖猛向前上方，力达剑尖。

【拓展建议】记录10秒内完成点剑、崩剑练习次数，体验点剑、崩剑手腕的发力。

练法
8

【练法名称】刺剑

【练习目的】掌握刺剑的动作要领，提高身体和器械的协调配合能力。

【练习方法】教师慢速领做原地刺剑动作练习；学生独立完成刺剑动作练习；分组进行刺剑动作练习。

【场地器材】武术地毯或平整的场地、表演剑。

【练习要求】刺剑要立剑向前直刺出，力达剑尖，臂与剑成一直线。

【拓展建议】连续完成刺剑动作，体验刺剑力达剑尖的感觉。

练法 9

【练法名称】 剪腕花

【练习目的】 掌握剪腕花的动作要领，提高腕关节的灵活性。

【练习方法】 教师慢速领做原地剪腕花动作练习；学生独立完成剪腕花动作练习；分组进行剪腕花动作练习。

【场地器材】 武术地毯或平整的场地、表演剑、秒表。

【练习要求】 剪腕花要以腕关节为轴，立剑在臂两侧向下贴身立圆绕环。

【拓展建议】 比一比30秒内剪腕花次数。

❷ 组合技术练习

练法 1

【练法名称】 提膝缠头—弓步平斩—仆步带刀—歇步下砍

【练习目的】 掌握组合动作要领，明确刀术的风格特点，提高掌握器械方法的熟练度。

【练习方法】 教师慢速领做；学生听口令进行提膝缠头、弓步平斩动作练习；听口令进行仆步带刀、歇步下砍动作练习；进行完整组合动作练习。

【场地器材】 武术地毯或平整的场地、表演刀。

【练习要求】 清楚使用器械方法，劲力顺达，身械配合协调；缠头要贴紧脊背，弓步斩刀的刀身应与地面平行，翻刀、后带动作快速连贯，歇步两腿交叉靠拢全蹲，身械配合协调。逐步增加练习速度和力度。

【拓展建议】 分组进行自主练习，体会正确的器械使用方法，学生互评和自主评价，提出改进建议。

练法 2

【练法名称】 弓步撩刀—插步反撩—转身挂劈—仆步下砍

【练习目的】 熟练掌握器械使用方法，提高手、眼、身法、步及器械协调配合能力。

【练习方法】 听口令进行弓步撩刀、插步反撩动作练习；听口令进行转身挂劈、仆步下砍动作练习；进行完整组合动作练习。

【场地器材】 武术地毯或平整的场地、表演刀。

【练习要求】器械方法清楚，劲力顺达，动作幅度要大，撩刀要贴身，路线要正确；插步与反撩同时完成；组合动作连贯完整，节奏分明，手、眼、身法、步及器械配合协调。逐步增加练习速度和力度。

【拓展建议】分组进行自主练习，体会手、眼、身法、步与器械的协调配合，学生互评和自主评价，提出改进建议。

练法 3

【练法名称】弓步平抹—弓步左撩—提膝平斩—回身下刺—挂剑直刺

【练习目的】掌握组合动作要领，明确剑术的风格特点，提高学生掌握器械方法的熟练度。

【练习方法】教师慢速领做；听口令进行弓步平抹、弓步左撩动作练习；听口令进行提膝平斩、回身下刺、挂剑直刺动作练习；进行完整组合动作练习。

【场地器材】武术地毯或平整的场地、表演剑。

【练习要求】动作连贯协调一致；抹剑时，手腕用力要柔和；提膝平斩上体微前倾，挺胸、收腹；回身下刺，转身要快，刺剑力达剑尖；挂剑、下插、直刺三个动作要连贯。逐步增加练习速度和力度。

【拓展建议】分组进行自主练习，体会正确的器械使用方法，学生互评和自主评价，提出改进建议。

练法 4

【练法名称】虚步平劈—弓步下劈—带剑前点—提膝下截—提膝直刺

【练习目的】熟练掌握组合动作要领，提高手、眼、身法、步及器械协调配合能力。

【练习方法】听口令进行虚步平劈、弓步下劈动作练习；听口令进行带剑前点、提膝下截、提膝直刺动作练习；进行完整组合动作的练习。

【场地器材】武术地毯或平整的场地、表演剑。

【练习要求】左右虚实变化要分明，劈剑时，臂剑成一条直线，力达剑身；点剑时力达剑尖；提膝要稳定，动作必须协调一致。逐步增加练习速度和力度。

【拓展建议】分组进行自主练习，体会手、眼、身法、步与器械的协调配合，学生互评和自主评价。

三 赛

（一）教学比赛设计思路

本单元教学比赛的设计贯彻安全原则，从刀术、剑术单个动作和器械组合演练入手，通过定量和定性相结合的方法检验学生的学练水平，富有竞争性，寓教育于比赛之中，磨炼学生的意志品质，培养学生的合作精神。

（二）教学比赛方法与组织

❶ 单个技术比赛方法

比赛 1

【比赛名称】 30秒缠头裹脑比赛

【比赛目的】 增强学生的手臂力量，掌握正确应用器械的方法。磨炼意志力，培养团队精神。

【比赛方法】 将学生平均分为两组，30秒内完成缠头裹脑次数多的组为胜。

【注意事项】 缠头、裹脑动作，刀背要贴紧脊背。比赛之前和结束之后要行抱拳礼。

【场地器材】 武术地毯或平整的场地、表演刀、秒表。

【拓展建议】 缠头裹脑比赛逐步增加至1分钟。

比赛 2

【比赛名称】 30秒剪腕花−点剑

【比赛目的】 增强手腕的灵活性及手臂力量，掌握正确应用器械的方法，培养团队精神。

【比赛方法】 将学生平均分为两组，在30秒内完成剪腕花−点剑动作次数多的组为胜。

【注意事项】 速度快而匀，腕花立圆、紧贴于身体。比赛之前和结束之后要行抱拳礼。

【场地器材】 武术地毯或平整的场地、表演剑、秒表。

【拓展建议】 剪腕花−点剑比赛逐步增加至1分钟。

---

❷ 组合技术比赛方法

比赛

【比赛名称】提膝缠头—弓步平斩—仆步带刀—歇步下砍

【比赛目的】提高组合动作技术演练水平，充分体现刀术的风格特点，培养敢于拼搏的良好品质。

【比赛方法】两人一组进行完整组合动作的演练，教师现场评分。

【注意事项】充分活动各关节，防止受伤。比赛之前和结束之后要行抱拳礼。

【场地器材】武术地毯或平整的场地、表演刀。

【拓展建议】可以进行分组集体比赛，鼓励学生发挥集体智慧，创编包含缠头、斩刀技术的组合动作进行比赛，培养学生创编套路的能力和团结协作的精神。

四 评

（一）知识技能学习评价

1. 通过口令提示、慢速领做、合作练习等方法，学生能正确地完成撩刀、劈刀、砍刀、挂刀、缠头裹脑、劈剑、点剑、崩剑、刺剑、剪腕花等刀术和剑术的基本动作，器械方法清晰，身体与器械的配合协调。

2. 通过组合动作的学习，学生能基本正确地完成提膝缠头—弓步平斩—仆步带刀—歇步下砍组合动作、弓步撩刀—插步反撩—转身挂劈—仆步下砍组合动作、弓步平抹—弓步左撩—提膝平斩—回身下刺—挂剑直刺组合动作、虚步平劈—弓步下劈—带剑前点—提膝下截—提膝直刺组合动作，身体与器械配合协调，掌握不同器械的风格特点。

3. 学生能表述所学动作的动作要领和练习方法，能通过与同伴合作创编刀术和剑术的组合练习方法，客观评价自身学练情况和同伴的演练水平，并对教师及同伴的评价做出正确的反馈。

（二）体能素质锻炼评价

通过30秒剪腕花-点剑、30秒缠头裹脑比赛，学生的手腕灵活性和手臂力量能得到增强。

（三）情感品格培养评价

通过器械基本技术和组合动作的学、练、赛，学生能具有安全意识，能具有创编组合动作能力和团结协作的精神。

第四节 单元四教学策略

本单元主要学习内容包括初级刀术、初级剑术的整套动作及拳法组合格斗技术。通过学、练、赛，学生能够熟练掌握本单元的武术运动技能，充分展示不同器械种类的演练风格，提高拳腿组合的攻防运用能力。学生能具备团队合作能力和解决问题的能力。

单元目标

❶ 知识技能学习目标　通过学习，学生能初步掌握武术竞赛组织的方法，熟练掌握初级刀术、初级剑术套路和拳腿组合动作技术，正确把握套路的演练风格和攻防技术的实践运用，具备武术竞赛组织和武术鉴赏能力。

❷ 体能素质锻炼目标　通过套路和格斗技术练习，提升速度、力量、耐力、灵敏度，增强预判和反应能力。

❸ 情感品格培养目标　通过学、练、赛，学生能具备良好的团队合作能力和解决问题的能力。

一　学

（一）单元学习内容

❶ 初级刀术

第一节

（1）预备势；（2）弓步缠头；（3）虚步藏刀；（4）弓步前刺；（5）并步上挑；（6）左抡劈；（7）右抡劈；（8）弓步撩刀；（9）弓步藏刀。

第二节

（1）提膝缠头；（2）弓步平斩；（3）仆步带刀；（4）歇步下砍；（5）左劈刀；（6）右劈刀；（7）歇步按刀；（8）马步平劈。

第三节

（1）弓步撩刀；（2）插步反撩；（3）转身挂劈；（4）仆步下砍；（5）架刀前刺；（6）左斜劈刀；（7）右斜劈刀；（8）虚步藏刀。

第四节

（1）旋转扫刀；（2）翻身劈刀；（3）缠头箭踢；（4）仆步按刀；（5）缠头蹬腿；（6）虚步藏刀；（7）弓步缠头；（8）并步抱刀。

❷ 初级剑术

第一节

（1）预备势；（2）弓步直刺；（3）回身后劈；（4）弓步平抹；（5）弓步左撩；（6）提膝平斩；（7）回身下刺；（8）挂剑直刺；（9）虚步架剑。

第二节

（1）虚步平劈；（2）弓步下劈；（3）带剑前点；（4）提膝下截；（5）提膝直刺；（6）回身平崩；（7）歇步下劈；（8）提膝下点。

第三节

（1）并步直刺；（2）弓步上挑；（3）歇步下劈；（4）右截腕；（5）左截腕；（6）跃步上挑；（7）仆步下压；（8）提膝直刺。

第四节

（1）弓步平劈；（2）回身后撩；（3）歇步上崩；（4）弓步斜削；（5）进步左撩；（6）进步右撩；（7）坐盘反撩；（8）转身云剑；（9）收势。

❸ 拳腿组合：前低鞭腿—后直拳—前摆拳

格斗姿势站立，左腿提膝、转胯、踢腿打出前鞭腿，左脚落地后，右腿蹬地转胯、扭腰、送肩，打出后直拳，收回后直拳的同时再顺势打出前摆拳，然后还原成格斗姿势（图2-6-24①—③）。

图2-6-24①—③　前低鞭腿—后直拳—前摆拳

❹ 拳腿组合：前摆拳—后直拳—后鞭腿

格斗姿势站立，左腿蹬地、向右转胯、扭腰、送肩、挥臂打出前摆拳；收回前摆拳的同时右腿蹬地转胯、扭腰、送肩，打出后直拳；收回后直拳后，右腿提膝、转胯、踢腿，打出后腿鞭腿，然后还原成格斗姿势（图2-6-25①—③）。

图2-6-25①—③　前摆拳—后直拳—后鞭腿

（二）单元学习方法

本单元的学习，通过观察和模仿，着重让学生体悟器械与身体的配合方法，引导学生正确掌握身体和器械的协调配合。

❶ 观察示范学习法

教师在示范基本动作时，让学生通过听、观察、模仿进行学习。首先观察教师上肢动作的方法、顺序和路线，尤其是持械手的变化，其次观察下肢动作的变化，进而观察上下肢动作的协调配合时机，最后观察器械、手、眼、身法、步的密切配合。

❷ 体验感知学习法

教师组织学生进行动作模仿和体验，注重让学生体验在持械组合动作中手持器械的力度和方法的变化，以及运动中器械与身体的空间位置变化，感知"人械合一"的本体感觉。

二 练

（一）练习方法设计思路

本单元的练习遵循安全原则进行设计，强化组合整套练习和攻防配合练习，通过正误对比、情景模拟等练习方法，提高学生演练水平和快速预判能力，强化武德礼仪行为规范。

（二）练习与组织

❶ 单个技术练习

练法 1

【练法名称】舞花刀

【练习目的】提升身体协调性和器械使用方法的熟练度。

【练习方法】30秒舞花刀练习，每组30秒，每次3组。

【场地器材】武术地毯或平整的场地、武术表演刀、秒表。

【练习要求】器械使用方法正确，贴身立圆，每组间隔休息1分钟。

【拓展建议】尝试延长练习时间进行舞花刀动作练习。

练法 2

【练法名称】原地快速冲拳

【练习目的】提升出拳速度与爆发力。

【练习方法】以格斗姿势站立，原地快速冲拳，左右冲拳为1次，20次为1组，共5组。

【场地器材】武术地毯或平整的场地。

【练习要求】上下肢协调，出拳迅速。

【拓展建议】设置目标物，出拳要达到目标物高度与距离。

练法 3

【练法名称】原地蹲踢

【练习目的】提升出腿速度与爆发力。

【练习方法】以格斗姿势站立，原地深蹲，起立后快速提膝打出鞭腿，左右鞭腿为1次，10次为1组，共3组。

【场地器材】武术地毯或平整的场地。

【练习要求】下蹲与起立时上体要保持格斗防守姿势，两手护脸。

【拓展建议】设置目标物，出腿要达到目标物高度与距离。

❷ 组合技术练习

练法 1

【练法名称】初级刀术组合动作演练

【练习目的】正确认识和把握刀术组合动作的演练技巧、方法、风格、节奏，提高演练的速度、准确性、稳定性。

【练习方法】学生按人数平均分两组，每次两个人依次进行组合演练，每人演练两遍即可换另外两名同学。

【场地器材】武术地毯或平整的场地、表演刀。

【练习要求】器械使用方法清楚，身体和器械协调，力点准确，节奏鲜明，手、眼、身法、步配合协调。

【拓展建议】逐渐增加组合动作数量，引导学生观察他人动作的规格和演练水平，学会评价套路演练水平，提高武术鉴赏能力。

练法 2

【练法名称】初级剑术组合动作演练

【练习目的】正确认识和把握剑术组合动作的演练技巧、方法、风格、节奏，提高剑术演练的速度、准确性、稳定性。

【练习方法】学生按人数平均分两组，每次两个人依次进行组合演练，每人演练两遍即可换另外两名同学。

【场地器材】武术地毯或平整的场地、表演剑。

【练习要求】姿势正确，器械使用方法清楚，力点准确，动作连贯，节奏分明，手、眼、身法、步配合协调。

【拓展建议】逐渐增加组合动作数量，引导学生观察他人动作的规格和演练水平，学会评价套路演练水平，提高武术鉴赏能力。

练法 3

【练法名称】拳腿组合：前低鞭腿—后直拳—前摆拳

【练习目的】掌握拳腿组合的动作要领，提高上下肢力量和灵活性，增强预判和反应能力。

【练习方法】甲乙面对面以格斗姿势站立，甲使用前低鞭腿佯装进攻，诱导乙防守，然后迅速使用后直拳与前摆拳先后进攻乙头部；乙快速预判，及时撤步躲闪。互换角色进行攻防练习。

【场地器材】武术地毯或平整的场地、拳套、手靶或脚靶。

【练习要求】格斗姿势正确，动作衔接连贯。

【拓展建议】模拟实战中的运用，体会动作的攻防含义。

练法 4

【练法名称】拳腿组合：前摆拳—后直拳—后鞭腿

【练习目的】掌握拳腿组合的动作要领，提高上下肢力量和灵活性。

【练习方法】甲乙面对面以格斗姿势站立，甲使用前摆拳与后直拳进攻乙头部，待乙躲闪或格挡后，迅速提膝用后鞭腿进攻乙头部；乙快速预判，及时撤步躲闪。互换角色进行攻防练习。

【场地器材】武术地毯或平整的场地、拳套、手靶或脚靶。

【练习要求】格斗姿势正确，动作衔接连贯。

【拓展建议】模拟实战中的运用，体会动作的攻防含义。

三 赛

（一）教学比赛设计思路

本单元的比赛设计贯彻安全原则，采用模拟比赛场景、不同角色体验等方法，提升学生竞赛组织与实践运用能力。通过初级刀术、初级剑术套路和拳腿组合的比赛，培养学生顽强的意志品质、团队合作能力和解决问题的能力。

（二）教学比赛方法与组织

组合技术比赛方法

比赛 1

【比赛名称】初级刀术、初级剑术套路比赛

【比赛目的】正确把握不同器械套路的演练风格、节奏，提高演练水平；培养武术竞赛组织能力和团队合作能力。

【比赛方法】将学生分成若干组，使其分别担任运动员、裁判员、编排员、检录员等，在教师指导下按照比赛要求进行初级刀术、初级剑术套路的比赛。

【注意事项】充分活动各关节，防止运动损伤。比赛之前和结束之后要行抱拳礼。

【场地器材】武术地毯或平整的场地、表演刀、表演剑。

【拓展建议】互换运动员、裁判员、编排员、检录员角色进行比赛，提高学生的竞赛组织实践能力。

比赛 2

【比赛名称】拳腿组合打靶

【比赛目的】掌握拳腿组合要领，提升攻防技法的运用能力，磨炼学生顽强拼搏的意志品质。

【比赛方法】两人一组进行1分钟拳腿组合打靶比赛，必须完成前摆拳—后直拳—后鞭腿动作；教师根据打靶动作完成情况进行评分。

【注意事项】比赛前充分活动各关节。比赛之前和结束之后要行抱拳礼。

【场地器材】武术地毯或平整的场地、拳套、脚靶。

【拓展建议】模拟实战环境进行比赛，强调安全意识，避免出现受伤现象。

四 评

（一）知识技能学习评价

1. 通过初级刀术、初级剑术套路的学习，学生能熟练完成刀术和剑术套路的演练，动作准确，器械使用方法清晰，节奏分明，手、眼、身法、步和身体与器械配合协调，突出刀术和剑术的风格特点。

2. 通过前低鞭腿—后直拳—前摆拳、前摆拳—后直拳—后鞭腿拳腿组合的练习，学生能熟练完成拳腿的攻防配合，预判要准确，防守要及时，击打位置要准确，攻防技术的实践运用能力强。

3. 学生能清晰复述所学动作的动作要领和练习方法，基本掌握武术竞赛组织的方法，能够从演练技巧、方法、风格、节奏和格斗的攻防配合等方面客观评价自身的学练情况。学生熟知该单元的技术要求，达到武术运动能力等级六级达标考核标准。

（二）体能素质锻炼评价

通过原地快速冲拳、原地蹲踢、拳腿组合打靶、完整套路演练等方法，学生的速度、力量、耐力、灵敏度及快速反应能力能得到针对性提升。

（三）情感品格培养评价

通过器械、拳腿组合技术的学、练、赛，学生能具备良好的团队合作能力和主动解决问题的能力。

第三部分
武术教学资源

　　本部分以武术技能一体化为理论基础，分为武术教学准备与放松活动案例、专项体能锻炼、教学规范教案与课例三个章节，按照水平段，提供操作性强、可视化的教学训练资源。主要目的在于帮助教师开拓技术创新思路、丰富教学手段、增加课堂趣味性、规范教学设计，提高学校武术教学水平。

第一章｜武术教学准备与放松活动案例

本章节结合武术运动的特点，介绍适用于课堂教学的武术专门性准备活动和针对性放松活动。科学完备的准备活动和行之有效的放松活动是确保体育教学效果必不可少的重要环节。为此，本章节从准备活动和放松活动的思路、内容、要求及案例解析等方面进行了精心设计，旨在为武术课堂教学开拓新的思路。

第一节　武术专门性准备活动

准备活动是武术课的重要组成部分，是武术教学中有意识、有目的地通过身体练习，使人体由安静向兴奋状态逐渐过渡的一个过程，是上好武术课的前提。准备活动分为两种，一种是一般性准备活动，主要是一些全身性身体练习，如各种走、跳、跑、徒手操、压腿、游戏等身体练习，使全身各主要肌肉群、关节等都得到充分的活动，目的在于逐步提高大脑皮层的兴奋度和整体的代谢水平，使体温上升，防止在剧烈运动时造成运动损伤；另一种是专门性准备活动，是指与正式比赛或训练的动作结构、节奏及运动强度相似的各种身体练习，目的是提高参与运动有关中枢间的协调性，强化动力定型，做好技术和机能的准备。例如，在学习腾空飞脚之前要充分做好腿部韧带拉伸、单拍脚练习等。本节主要阐述武术专门性准备活动的设计思路和方法并进行案例解析。

一　武术专门性准备活动设计思路与方法

在教学过程中，根据教学内容，采用与课程教学内容的动作结构、节奏及运动强度相似的各种身体练习，能预先激发内脏器官、骨骼肌的机能，强化运动机能，缩短进入工作状态的时间，为学习奠定良好的基础。专门性准备活动不仅能有效调动学生课堂练习的积极性，还能促进基本动作技能的形成，从而正确有效地指导学生掌握正确的技术动作，提高课堂教学效率。

专门性准备活动一般用时为整个课程时长的五分之一，强度由低强度逐渐过渡到高强度，有时可以根据需要达到接近于学习主要内容的强度，包括专项拉伸动作练习、专项协调性动作练习、肌肉控制力和爆发力动作练习等。

武术专项拉伸动作练习有压肩、压腿、涮腰、抡臂、踢腿等静态拉伸和动态拉伸两大类，根据不同的教学内容选择不同的拉伸动作，可达到事半功倍的作用。

武术专项协调性动作练习有击步、提膝冲拳、腾空双抡臂、腾空左右转髋等，准备活动中采用协调性运动可以增加动作的敏感度，提高运动效率。

常用的肌肉控制力和爆发力动作练习有分腿跳、单腿跳、背腿跳等，提高肌肉控制力和爆发力有助于完成武术套路中的一些难度动作，提高学生的学习速度，提升课堂的练习效率。

二 武术专门性准备活动案例与解析

（一）仰卧推起成桥

【准备活动目的】 利用动物模仿操对身体进行预热，激活肌肉、神经、关节，引导学生大胆想象，用身体创造出各式各样的桥，为学练仰卧推起成桥技术提前做好身体和心理准备。

【准备活动方法】 带领学生听音乐进行动物模仿操的练习。用语言指导学生为刚刚模仿的小动物造一座能遮风避雨的桥，提示学生大胆想象，建造创意桥（图3-1-1）。

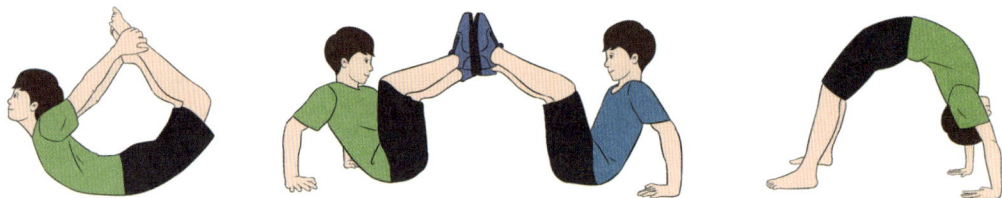

图3-1-1 动物模仿操

【场地器材】 武术地毯或平整的场地。

【练习要求】 列队统一练习，避免碰撞。

【内涵解析】 本次准备活动为仰卧推起成桥技术动作练习。利用学生大胆想象创造的桥，激发学习兴趣，引出学习内容，在玩中练和学，让学生体悟动作核心要领，为推起成桥的学习奠定基础。

（二）双人步型练习

【准备活动目的】 利用双人步型练习对身体进行预热，激活肌肉、神经、关节的同时复习五种步型，为五步拳技术学习做好身体和心理准备。

【准备活动方法】 两人一组对面站立，同时做左弓步，一手扶自己膝盖，一手放在同伴大腿上，帮助同伴下压。5次后换右弓步。两人对面站立，拉手做马步，然后向内插步翻腰成背对马步，随后原路返回成马步。两人对面站立，拉手跳起成左仆步，随后跳起成右仆步。两人对面站立，拉手同时做虚步。两人对面站立，拉手从头上交叉，同时撤左脚成歇步，返回同时撤右脚成歇步（图3-1-2①—③）。

图3-1-2①—③ 双人步型练习

【场地器材】 武术地毯或平整的场地。

【练习要求】 列队统一练习，避免碰撞。

【内涵解析】 本次准备活动为双人五种步型练习。双人步型准备活动练习不仅可以激活学生肌肉、神经，而且有很好的趣味性，能激发练习兴趣。在练习中复习五种步型，为五步拳的学习奠定了基础，使动作更加连贯。

（三）腾空飞脚助跑起跳

【准备活动目的】 对身体进行预热，激活腿部肌肉及神经，激活膝踝关节，为腾空飞脚学习提前做好身体和心理准备。

【准备活动方法】 充分热身，完成压腿、单拍脚练习后，进行单腿屈膝跳、助跑起跳练习。教师在学生蹬地起跳位置设置一个醒目标志物，或是教师手持手靶站在凳子上，让学生在原地单膝跳或助跑起跳时，用头顶触及标志物或手靶，帮助学生体会蹬地起跳动作的发力。注意提高学生助跑起跳动作的连贯性（图3-1-3①—③）。

图3-1-3①—③ 腾空飞脚助跑起跳

【场地器材】 武术地毯或平整的场地、标志物。

【练习要求】 列队统一练习，避免碰撞。

【内涵解析】 本次准备活动为腾空飞脚的助跑起跳技术练习。通过在起跳点设立标志物的方法，增加练习趣味性，帮助学生体会助跑起跳蹬地向上的发力，为腾空飞脚的学习奠定基础。

第二节　武术针对性放松活动

有效的放松活动能及时缓解肌肉酸痛和运动疲劳，提升肌肉弹性和身体灵活性。本章节主要介绍武术放松活动的设计思路与常见方法，并将一些常用的小器械放松方法及注意事项进行了整合。

一　武术针对性放松活动设计思路与方法

在学习过程中，学生容易出现机体疲劳和精神疲劳，运动之后需要逐步恢复到相对安静的状态，缓解锻炼时心理的紧张。若没有及时放松，学生会身心疲惫，影响下次练习的积极性、准确性和协调性。因此，放松活动环节必不可少。武术针对性放松活动主要包括精神放松和机体放松，教师要统筹兼顾。精神放松通过教师与学生的语言交流，或是借助音乐引导学生进行冥想，达到放松身心的目的。课堂上常见的机体放松一般分徒手和持器械两种放松活动。徒手放松包括肌肉拍打、肌肉拉伸等活动，可以个人进行，也可以和同伴配合进行，通过主动性拉伸和被动性拉伸的方法，达到牵拉反射和肌肉反射性的放松。

可以借助泡沫轴、按摩棒等小器械进行针对性肌肉放松活动，一般来说，使用按摩工具时可以从身体的外围向中心移动，也可以从肌肉的一端向另一端来回移动。

二　武术针对性放松活动案例与解析

（一）徒手放松活动

❶ 动力性大腿后侧拉伸（图3-1-4）

【放松活动目的】 进行跳跃动作和完整套路练习后，通过动力性大腿后侧牵张拉伸，可以有效放松大腿后侧肌肉群，缓解疲劳，改善身体的柔韧性。

【放松活动方法】 右腿微屈，左腿伸直，体前屈

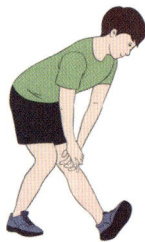

图3-1-4　动力性大腿后侧拉伸

向前压振，保持腿部肌肉紧绷。

【场地器材】 武术地毯或平整的场地。

【练习要求】 动作缓慢、力度适中，每次拉伸不少于1分钟。

【内涵解析】 采用反向拉伸方法对刺激较大的肌肉群进行重点放松，可以促进乳酸的代谢，缓解疲劳，以达到预期的放松目的。

❷ 静力性股四头肌拉伸（图3-1-5①②）

【放松活动目的】 进行桩功、控腿等武术专项素质练习后，通过静力性股四头肌牵张拉伸，可以有效放松大腿前侧肌肉群，改善肌肉线条。

【放松活动方法】 可以通过教师语言提示或音乐伴奏，采用静力性拉伸对股四头肌进行放松，缓解疲劳。

【场地器材】 武术地毯或平整的场地。

【练习要求】 每次静力性拉伸练习保持15—30秒。

图3-1-5①② 静力性股四头肌拉伸

【内涵解析】 通过静力性反向拉伸可以增加肌腹和肌腱的弹性，有效缓解肌肉酸痛，加速训练后的恢复。

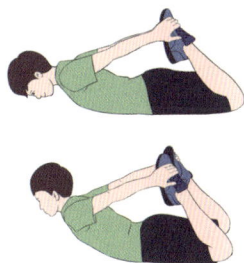

❸ 双人合作被动十字拉伸（图3-1-6）

【放松活动目的】 进行里合腿、旋风脚等动作练习后进行被动十字拉伸，可以有效缓解大腿外侧肌肉群疲劳，促进机体恢复。

【放松活动方法】 仰卧，屈膝抬右腿，同伴跪在腿旁，轻轻向左侧按压右腿，放松大腿外侧肌肉群。

【场地器材】 武术地毯或平整的场地。

【练习要求】 动作尽量轻柔、缓慢，不可过度拉伸。

图3-1-6 双人合作被动十字拉伸

【内涵解析】 采用相互合作方式对肌肉进行深层次的放松，达到放松身心、缓解疲劳的目的。

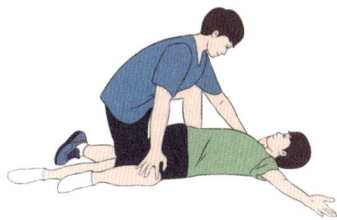

（二）持械放松活动

❶ 泡沫轴小腿肌肉群放松（图3-1-7）

【放松活动目的】 进行腾空飞脚、旋子等跳跃动作练习后，借助器械进行小腿肌肉放松，可以有效缓解运动后短期内肌肉延迟性的酸痛。

【放松活动方法】 坐在地上，让泡沫轴慢慢向上和向下滚动，按摩小腿肌肉组织。

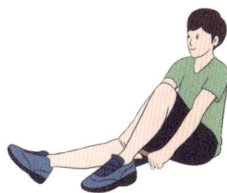

图3-1-7 泡沫轴小腿肌肉群放松

【场地器材】 武术地毯或平整的场地、泡沫轴。

【练习要求】 反复进行上下滚动按摩，力度适中。

【内涵解析】 借助器械进行小腿肌肉按摩，可以缓解肌肉粘连、硬结，这也是预防运动损伤的一个重要方法。

❷ 背部肌肉按摩（图3-1-8）

【放松活动目的】 进行翻腰、旋子、平衡动作练习之后，可以借助器械使背部肌肉得到有效放松，预防肌肉紧张僵硬。

图3-1-8　背部肌肉按摩

【放松活动方法】 将泡沫轴沿背部上下滚动按摩，滚动速度要慢，注意自己各个部位的感觉。

【场地器材】 武术地毯或平整的场地、泡沫轴。

【练习要求】 动作要柔和、缓慢。当滚动按摩到感受最强烈的部位时要做深呼吸。

【内涵解析】 运用器材对负荷较大的肌肉进行重点放松，可以促进背部血液循环，增加肌肉弹性。

第二章｜武术专项体能锻炼

中国传统武术的锻炼具有丰富的体能锻炼内涵，因其方法与形式是融于武术套路与功法当中的，其体能锻炼与套路锻炼具有明显的一体化特点。但是，传统武术体能锻炼的方式也因其一体化的特点而具有复杂性，难以在当前学校武术教学中发挥应有的作用。因此，充分利用现代体能锻炼的相关理论与实践，设置专门的武术体能锻炼就显得极为迫切与必要。本部分锻炼专注于将功能性锻炼应用到武术专项体能锻炼中，将高效地提升武术锻炼所需的专项体能素质，提高学习与锻炼成效，提升武术锻炼的趣味性，最终实现武术运动与现代运动锻炼体系的融合。

第一节　武术专项体能锻炼设计思路与方法

一　武术专项体能锻炼设计思路

根据功能性锻炼原理，结合武术套路运动及武术搏击运动专项技术动作创编专项体能锻炼方案。本部分锻炼专注于将功能性锻炼应用到武术专项技巧中，而非传统的以武术技术分解动作本身为体能锻炼方式，因此，武术专项体能锻炼方案中列举的锻炼方式与以往运用专项运动技术进行专项体能锻炼并不完全相同。通过功能性锻炼，武术锻炼者将获得从事武术运动的多种运动素质准备，从而提升运动表现，减少运动损伤。

另外，由于武术套路与武术搏击所需要的专项体能有一定差异，因此运用功能性训练原理创编武术专项体能锻炼方案具有更加广泛的适应性。

专项体能锻炼的动作设计分为初、中、高级锻炼动作，分别与专项技术的六个模块相对应（表3-2-1）。每个锻炼动作可根据学生自身体能的情况以及锻炼强度的需求进行进退阶调整，以达到有针对性地、有效锻炼的目标。

表3-2-1　专项体能级别与专项技术模块对照表

专项技术	专项体能
模块一 模块二	初级
模块三 模块四	中级
模块五 模块六	高级

二　武术专项体能的锻炼方法

（一）初级水平

　　本部分的武术体能锻炼主要针对武术初学者，目的是促进学习者初步具备武术锻炼的体能素质，提升体能素质对本阶段武术基本手法、步法、腿法、基本功及一段长拳基本技术学习的支持度与保障度。因此，专项技术体能锻炼主要针对上述技术学习以及未来技术学习的体能需要，发展学生力量、柔韧性、速度、灵敏素质，促进高效率提升武术基本素质与能力。

动作 1

图3-2-1①②　自重深蹲

【动作名称】　自重深蹲（图3-2-1①②）

【训练目的】　针对武术步型需要，通过自重深蹲功能性力量训练，提高相关步型表现水平。

【动作要领】　站立，两脚开立略比肩宽，收腹挺胸，下颌微收，两臂前平举，两手与肩同高。向下至大腿与地面平行，向上还原至初始位置。向下2—4秒，向上2—4秒。每组完成最后一次练习时，进行静力性深蹲30秒。呼吸：向上呼气，向下吸气。静力深蹲时保持自然呼吸。

【安全提示】　核心收紧，保持躯干稳定；向下蹲时膝关节不要超过脚尖，向上时膝关节不要超伸，避免膝关节损伤。

【频次及强度】 每组12—15次，3组；每组间歇30—60秒；强度为70%RM（RM指最大负重次数）。

【场地及器材】 武术地毯或平整的场地。

【进退阶方法】 进阶：哑铃深蹲。退阶：减少下蹲幅度。

动作2

【动作名称】 箭步蹲（图3-2-2）

【训练目的】 针对武术步型技术需要，通过箭步蹲发展单腿力量，提升缓冲能力，拉伸髋部，提升动作表现。

【动作要领】 两脚前后站立，与肩同宽，收腹挺胸，下颌微收，两手放在腰间或屈肘放于耳后，背部保持紧张，上体保持直立。向下时后腿膝盖接近地面，前腿膝关节和踝关节分别成90°，后腿膝关节成90°，前脚掌撑地，脚跟立起；向上时前腿发力蹬地回原位。向下2—4秒，向上2—4秒。呼吸：向上呼气，向下吸气。

图3-2-2 箭步蹲

【安全提示】 核心收紧，保持躯干稳定；向下蹲时膝关节不要超过脚尖。

【频次及强度】 每组左右各12—15次，共3组；每组间歇30—45秒；强度为70%RM。

【场地及器材】 武术地毯或平整的场地。

【进退阶方法】 进阶：负重箭步蹲。退阶：弹力带上拉弓箭步。

动作3

【动作名称】 俯卧撑（图3-2-3①②）

【训练目的】 针对冲拳技术需要，通过俯卧撑发展核心稳固度，提高肩部稳定性。

【动作要领】 俯卧，两脚并拢，踩实地面，收腹挺

图3-2-3①② 俯卧撑

胸，腰背挺直，两手采用中距俯卧撑。收腹挺胸，下颌微收，大小腿自然伸直，从侧面看耳肩髋膝踝成一条直线。起始由上至下，还原由下向上。向下2—4秒，向上2—4秒。呼吸：向上呼气，向下吸气。

【安全提示】 保持躯干稳定，避免腰部损伤。向上时肘关节不要过伸，防止肘关节压力过大而损伤。

【频次及强度】 每组12—15次，共3组；每组间歇45—60秒；强度为70%RM。

【场地及器材】 武术地毯或平整的场地。

【进退阶方法】 进阶：单腿支撑俯卧撑、抬高脚俯卧撑。退阶：膝关节触地俯卧撑、抬高支撑手俯卧撑。

动作4

【动作名称】 站姿弹力带交替前推（图3-2-4）

【训练目的】 针对冲拳及推掌等技术，通过站姿弹力带交替前推动作发展核心前部与胸部力量，提升前推动作的全身协调性和发力质量。

【动作要领】 弓步站立，两脚横向与肩同宽。收腹挺胸，下颌微收，将弹力带固定在身体正后方与肩同高的固定物体上，上臂外展与肩同高或略低于肩，屈肘90°，小臂平行于地面，腕关节保持中立位，两手各握一个手柄，背对固定点，两手交替快速前推。向前2—4秒，向后2—4秒。呼吸：全程保持自然呼吸。

图3-2-4 站姿弹力带交替前推

【安全提示】 核心收紧，避免腰部损伤；保持身体稳定，不要耸肩，防止肩颈损伤；向前推时肘关节不要过伸，防止肘关节损伤。

【频次及强度】 每组30—45秒，共3组；每组间歇30—60秒；强度为65%—75%MHR（MHR指最大心率）。

【场地及器材】 武术地毯或平整的场地。

【进退阶方法】 进阶：提高负荷，提高速度。退阶：降低负荷，降低速度。

动作 5

【动作名称】 X形上举（图3-2-5）

【训练目的】 针对武术技术上下肢动作的衔接要求，通过X形上举锻炼对角线和核心肌肉的联结，提升动作配合的流畅性。

图3-2-5 X形上举

【动作要领】 仰卧，背部紧贴训练垫，四肢展开成X形，手脚在身体正上方交叉接触，手碰触脚内侧。呼吸：运动过程中保持自然均匀呼吸。

【安全提示】 收紧核心，保持身体稳定，不要用力向上过分屈颈，防止颈部损伤。

【频次及强度】 每组12—15次，共3组；每组间歇60秒；强度为70%RM。

【场地及器材】 武术地毯或平整的场地、垫子。

【进退阶方法】 进阶：仰卧前抛实心球。退阶：V形上举。

动作 6

【动作名称】 弹力带低至高削砍（图3-2-6①②）

【训练目的】 针对武术中的持械挥摆及搏击中的抱摔等技术，通过弹力带低至高削砍动作训练，锻炼前部、后斜方肌肉群及臀肌，提升挥摆性动作表现。

【动作要领】 站立，两脚略宽于肩，膝盖略弯，收腹挺胸，下颌微收。手臂伸直于膝关节平行位外侧，两手握住（低负重点）弹力带手柄，保持核心收紧，以远侧脚为轴，向对侧上方旋转削砍至肩外侧，高与肩平，重心在两脚之间。呼吸：削砍呼气，回位吸气。

图3-2-6①② 弹力带低至高削砍

【安全提示】 注意两手直臂完成动作，避免单臂动作。

【频次及强度】 每组12—15次，共3组；每组间歇60秒；强度为70%RM。

【场地及器材】 平整的场地、弹力带。

【进退阶方法】 进阶：弹力带高至低削砍。退阶：弹力带短距抢动。

动作7

【动作名称】 敏捷梯开合跳（图3-2-7）

【训练目的】 针对武术套路及搏击技术中的步
法能力需求，利用敏捷梯开合跳动作，增进脚步速
度与反应速度，提高踝关节稳定性，提升减速能力
与横向换向能力。

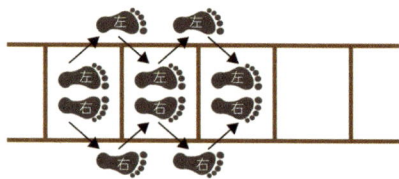

图3-2-7　敏捷梯开合跳

【动作要领】 起始位置站在敏捷梯一端，两手叉腰，面向敏捷梯行进，两脚跳入第
一个格子里面，然后迅速分腿跳到格子外面，再两脚跳到第二个格子里面。重复上述动
作直到到达敏捷梯另一端。呼吸：运动中保持自然均匀呼吸。

【安全提示】 跳跃过程中注意落地缓冲，避免膝关节损伤。

【频次及强度】 8秒之内完成单趟敏捷梯动作，共3组；每组间歇30秒；强度
为55%—65%MHR。

【场地及器材】 武术地毯或平整的场地。

【进退阶方法】 进阶：提高速度。退阶：降低速度。

动作8

【动作名称】 平板支撑（图3-2-8）

【训练目的】 针对武术及搏击技术中的上下肢联结
需要，通过平板支撑训练，提升核心区力量素质，提升
上下肢动作联结的协同性。

图3-2-8　平板支撑

【动作要领】 俯撑在训练垫上，两脚并拢前脚掌蹬地，双膝自然伸直，骨盆保持中立位，收腹挺胸，下颌微收，从侧面看，耳肩髋膝踝在一条直线上，两手臂与肩同宽，屈肘90°支撑在训练垫上，在这个位置上保持静力性收缩。呼吸：全程保持平稳呼吸。

【安全提示】 保持躯干稳定，避免腰部损伤；不要耸肩，避免肩颈损伤。

【频次及强度】 每组30—60秒，共3组；每组间歇1分钟；强度为65%—75%MHR。

【场地及器材】 武术地毯或平整的场地。

【进退阶方法】 进阶：单脚平板支撑、BOSU球（博速球）平板支撑。退阶：膝支撑平板支撑、分腿平板支撑。

（二）中级水平

本部分的武术体能训练主要针对具有一定武术基础的学习者。目的是进一步提升学习者武术技能与深化运动能力，技术上要求掌握段位制长拳二段基本技术，强化攻防配合能力；掌握段位制长拳三段单练和对打、八法五步太极拳以及格斗的基本技术，提高动作质量和演练水平，体现手、眼、身法、步及攻防意识的协调配合。因此，在专项体能训练中主要针对上述技术学习以及未来技术学习的体能需要，在初级体能素质的基础上，强化发展学生协调、柔韧性、灵敏、平衡能力，高效提升学生武术专项力量和速度。

动作 1

【动作名称】 弹力带侧向跨步（图3-2-9）

【训练目的】 针对武术搏击中横向移动的需要，通过弹力带侧向跨步训练发展侧向移动能力，提高臀部力量及核心稳定性。

【动作要领】 站姿准备，将弹力带套在踝关节上方，两脚开立与肩同宽，膝关节微屈并指向脚尖方向，躯干直立，收腹挺胸下颌微收，双手放在腰间。一侧腿向外跨出一步，支撑腿跟上，动作过程中保持弹力带有张力，身体重心始终保持在两腿中间。单向移动一组后换相反方向完成另一组。呼吸：全程保持自然呼吸。

图3-2-9 弹力带
侧向跨步

【安全提示】 注意核心收紧，避免腰部压力过大而损伤；侧向移动时，保持膝关节与脚尖方向一致，避免膝关节损伤。

【频次及强度】 每组12—15步,共3组;每组间歇30—45秒;强度为55%—65%MHR。

【场地及器材】 平整的场地、弹力带。

【进退阶方法】 进阶:两脚弹力带侧跨步。退阶:膝关节弹力带侧跨步。

动作2

【动作名称】 壶铃单腿直膝硬拉(图3-2-10)

【训练目的】 针对武术技术中单腿支撑动作与发力
的需要,通过壶铃单腿直膝硬拉训练发展身体后链,提
升单腿稳定性与平衡能力。

图3-2-10 壶铃单腿直膝硬拉

【动作要领】 单腿站立,脚尖向前,支撑腿膝关节
自然伸直并指向脚尖方向,另一侧腿脚抬离地面,膝关
节微屈,收腹挺胸,下颌微收,支撑腿异侧手持壶铃并保持肘关节自然伸直,另一侧手
臂叉腰。向下,俯身躯干与地面夹角呈40°,持壶铃侧手臂保持与地面垂直,非支撑腿向
上抬起与地面平行,支撑腿保持自然伸直;向上,还原至初始位置。向下2—4秒,向上
2—4秒。呼吸:向下吸气,向上呼气。

【安全提示】 注意膝关节微屈,核心收紧,肩部不可过度紧张。

【频次及强度】 每组12—15次,共3组;每组间歇30—60秒;强度为70%RM。

【场地及器材】 平整的场地、壶铃。

【进退阶方法】 进阶:BOSU球单腿直膝硬拉。退阶:单腿直膝硬拉。

动作3

【动作名称】 伸手平板支撑(图3-2-11)

【训练目的】 针对武术技术中平衡动作与发力动作产生的旋转倾向,通过伸手平板
支撑训练发展核心区抗旋转的稳定性,提升身体平衡能力。

【动作要领】 俯撑在训练垫上，两脚并拢前脚掌蹬地，双膝自然伸直，骨盆保持中立位，收腹挺胸下颌微收，从侧面看，耳肩髋膝踝在一条直线上，两手臂与肩同宽，屈肘90°支撑在训练垫上，在这个位置上保持静力性收缩，缓慢伸一侧手臂向肩的正前方2—4秒，形成三点支撑。呼吸：全程保持自然呼吸。

图3-2-11　伸手平板支撑

【安全提示】 保持躯干稳定，避免腰部损伤；不要耸肩，避免肩颈损伤。

【频次及强度】 每组30—60秒，共3组；每组间歇60秒；强度为65%—75%MHR。

【场地及器材】 平整的场地。

【进退阶方法】 进阶：单脚伸手平板支撑、时钟平板支撑。退阶：膝支撑伸手平板支撑、分腿伸手平板支撑。

动作4

【动作名称】 药球提膝下砍（图3-2-12①②）

【训练目的】 针对武术单腿平衡与上肢动作协调需要，通过药球提膝下砍训练，提升平衡、协调与身体移动能力。

【动作要领】 站立，右脚在前，左脚后撑；两手持球直臂举至头上右前侧45°位置，两手持球下斜砍至左侧髋外侧，同时蹬左腿向右侧肩方向提膝。呼吸：向下吸气，向上呼气。

图3-2-12①② 药球提膝下砍

【安全提示】 保持躯干直立稳定，避免弯腰前俯不稳以致腰部扭伤。

【频次及强度】 每组12—15次，共3组；每组间歇30—45秒；强度为70%—80%MHR。

【场地及器材】 平整的场地、药球。

【进退阶方法】 进阶：BOSU球提膝下砍。退阶：徒手提膝下砍。

动作 5

【动作名称】 药球90°下蹲接转体跳、推（图3-2-13①—③）

【训练目的】 针对武术跳跃转体及落地完成动作的需要，通过药球90°下蹲接转体跳、推训练，提高动作衔接的整体性、灵活性、稳定性和爆发力。

【动作要领】 马步下蹲，两手持球前伸与肩平。上跳转体180°，起跳后手持球回拉收至胸前，转体跳时注意跳至最高点，下落时推球成马步。呼吸：全程保持自然呼吸。

【安全提示】 注意马步落地时大腿与地面平行，膝关节不要内扣或外翻，整个落地过程注意踝关节与腿部的缓冲，避免关节损伤。

【频次及强度】 每组30—45秒，共3组；每组间歇60秒；强度为70%—80%MHR。

【场地及器材】 平整的场地、药球。

【进退阶方法】 进阶：负重背药球90°下蹲接转体跳、推。退阶：徒手90°下蹲接转体跳、推。

图3-2-13①—③　药球90°下蹲接转体跳、推

动作 6

【动作名称】 上下交替战绳训练（图3-2-14①②）

【训练目的】 针对武术上肢动作及搏击技术发力需求，通过上下交替战绳训练锻炼肩膀稳定性和耐力，增进核心稳定性，提升套路技术及搏击动作力度表现。

【动作要领】 站立，两脚开立，比肩略宽，膝关节微曲，身体微前倾，收腹挺胸，下颌微收，身体重心稍向后。面对战绳，两手各握绳一端，保持躯干稳定的同时，两手用力上下甩动战绳。呼吸：全程保持自然均匀呼吸。

【安全提示】 保持核心稳定不要晃动，避免腰部损伤；不要耸肩，避免肩颈损伤；摆动过程中，注意肘关节不要超伸，避免肘关节损伤。

【频次及强度】 每组30—60秒，共3组；每组间歇60秒；强度为75%—85%MHR。

【场地及器材】 平整的场地、战绳。

【进退阶方法】 进阶：两手交替顺时针和逆时针画圈甩绳；单腿支撑。退阶：两手甩一条绳。

图3-2-14①② 上下交替战绳训练

动作 7

【动作名称】 敏捷梯进出滑步（图3-2-15）

【训练目的】 针对武术步法及搏击步法需要，通过敏捷梯进出滑步训练提高灵敏性、平衡性、协调性和反应能力。

【动作要领】 站立位，身体立于梯子右侧，面向敏捷梯行进方向，身体微前倾，腰背挺直，收腹挺胸，下颌微收。第一步，左脚进入第一格；第二步，右脚随之进入；第三步，左脚沿对角线迈出格子，落在第二格

图3-2-15 敏捷梯进出滑步

侧前方；第四步，右脚随即跟上，并吸腿。换右脚做相同动作。手臂随脚步快速交替摆动。全程以最快速度完成整条敏捷梯进出。呼吸：全程保持自然呼吸。

【安全提示】 身体重心稍微低一些，保持膝关节微屈，避免在快速移动中膝关节压力过大；注意不要被敏捷梯绊倒。

【频次及强度】 8秒之内完成单趟敏捷梯动作，共3组；每组间歇30秒；强度为70%—80%MHR。

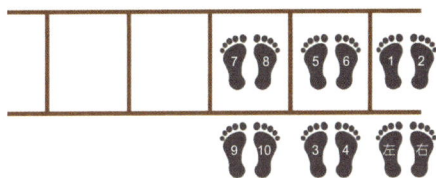

【场地及器材】 平整场地、敏捷梯。

【进退阶方法】 进阶：传接球敏捷梯进出滑步。退阶：降低练习速度。

（三）高级水平

本部分的武术体能训练主要针对具有较好武术基础的学习者，目的是进一步拓展学习者的武术运动能力与强化竞赛能力。技术上要求掌握初级长拳三路、太极拳以及拳腿组合格斗的基本技术；掌握武术器械初级刀术、初级剑术套路的基本技术，具备武术竞赛和武术鉴赏能力。因此，在专项体能训练中主要针对上述技术学习以及未来技术学习的体能需要，在中级体能素质的基础上，进一步强化发展学生的力量、速度、耐力、柔韧性和灵敏素质，提升体能对武术运动专项技术的支撑能力。

动作 1

【动作名称】 单腿深蹲（图3-2-16）

【训练目的】 针对武术套路动作转换、跳跃及搏击对腿部力量的需要，通过单腿深蹲训练最大限度地发展单腿力量，发展平衡能力，提升跳跃与步型表现。

【动作要领】 站立位，一腿在跳箱上，另一条腿自然下垂。收腹挺胸，手持一对1—3公斤的哑铃。开始下蹲时向前平伸哑铃，使重心处在脚跟处，下蹲至最低位置时膝关节不可超过脚尖。向下2—4秒，向上2—4秒。呼吸：向上呼气，向下吸气。

图3-2-16　单腿深蹲

【安全提示】 核心收紧，保持躯干稳定；向下蹲时支撑腿膝关节不要超过脚尖，向上起时膝关节不要超伸，避免膝关节损伤。

【频次及强度】 每组12—15次，共3组；每组间歇30—45秒；强度为70%RM。

【场地及器材】 武术地毯或平整的场地。

【进退阶方法】 进阶：增加阻力。退阶：减少阻力；减小幅度。

动作 2

【动作名称】 药球单臂俯卧撑（图3-2-17①—③）

【训练目的】 针对武术冲拳及搏击对上肢力量的需要，通过药球单臂俯卧撑训练推力及前部对角线重心的保持，提升动态抗旋转及推力表现。

【动作要领】 俯卧，平板支撑位置，核心收紧，一手伸直撑地，另一手放在药球上面。向下手臂弯曲，撑地手臂肘部成90°，上推至撑球手推直，完成一次动作。向下2—4秒，向上2—4秒。呼吸：向上呼气，向下吸气。

【安全提示】 注意保护手腕以及向上撑起时触球手臂的稳定控制，防止出现支撑不稳。

【频次及强度】 每组8—12次，共3组；每组间歇30—45秒；强度为70%—80%RM。

【场地及器材】 平整的场地、药球。

【进退阶方法】 进阶：药球交叉俯卧撑。退阶：自重俯卧撑；平板支撑。

图3-2-17①—③ 药球单臂俯卧撑

动作 3

【动作名称】 药球左右爆发砸墙（图3-2-18①②）

【训练目的】 针对武术中的腰部转体发力需要，通过药球左右爆发砸墙训练，提高左右瞬时爆发力。

图3-2-18①② 药球左右爆发砸墙

【动作要领】 站立，马步半蹲，保持核心收紧，手臂伸直持药球外旋，内侧脚略向外旋转，外侧脚蹬地向内转体，内侧脚向内侧迈一步，两手持球向墙面（距离约5米）抛出成弓步状态。接住反弹药球，反复进行练习。呼吸：抛出药球时呼气，预备动作时吸气。

【安全提示】 注意体会腿部、腰部、肩部要同时发力，避免局部发力产生的肌肉过度紧张或损伤；注意药球反弹安全。

【频次及强度】 每组12—15次，共3组；每组间歇30—45秒；强度为80%—90%MHR。

【场地及器材】 平整的场地、墙面、药球。

【进退阶方法】 进阶：药球左右不同高度投掷。退阶：药球左右砸地。

动作4

【动作名称】 40米正方形滑步（图3-2-19）

【训练目的】 针对武术套路步法及搏击步法转换需要，通过40米正方形滑步的训练提升柔韧性、步法以及腹股沟区域的力量，提高相关技术运用的动作表现力。

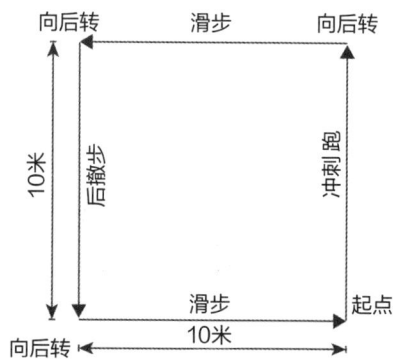

图3-2-19　40米正方形滑步

【动作要领】 站立，起跑准备姿势，逆时针方向出发沿着10米正方形边线前进，依次完成冲刺跑、滑步、后撤步、滑步，最后回到起点。所有直角弯均采用向后转方式完成变向。呼吸：运动过程中保持自然均匀呼吸。

【安全提示】 注意变向时的缓冲，避免拉伤。

【频次及强度】 每组1圈，共3组；每组间歇30—45秒；强度为80%—90%MHR。

【场地及器材】 武术地毯或平整的场地。

【进退阶方法】 进阶：变换步法完成40米正方形跑。退阶：40米正方形冲刺跑。

动作 5

【动作名称】 敏捷梯右侧进（图3-2-20）

【训练目的】 针对武术套路及搏击步法变换的需
要，通过敏捷梯右侧进的训练，提高步法的灵敏、平
衡、协调和反应能力，提升步法的表现力。

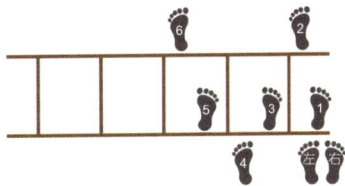

图3-2-20　敏捷梯右侧进

【动作要领】 站立，并步直立于敏捷梯旁，腰背
挺直，收腹挺胸，下颌微收。右脚踏进第一格，左脚迈步跃过第一格落于梯子另一侧。
右脚横向迈出一步，进入第二格。左脚后退一步，落于第二格前面。右脚横向迈一步踏
入第三格。以此方式完成整条敏捷梯行进。呼吸：运动过程中自然均匀呼吸。

【安全提示】 注意身体微前俯，膝盖微屈缓冲压力，防止关节损伤。

【频次及强度】 8秒内完成单趟动作，共3组；每组间歇30秒；强度为80%—90%
MHR。

【场地及器材】 平整的场地、敏捷梯。

【进退阶方法】 进阶：敏捷梯回转跳。退阶：进出滑
步，左侧进。

动作 6

【动作名称】 Z字形滑步（图3-2-21）

【训练目的】 针对武术套路及搏击对斜向及横向步法
技术的需求，通过Z字形滑步训练提高步法和反应能力。

【动作要领】 站立，腰背挺直收腹挺胸，下颌微收。
并步直立于10个标志桶一端，标志桶间隔1米。右脚启动滑
步向对角线迈出，然后左脚启动向左滑步迈出。重复上
述动作模式完成绕过10个标志桶。呼吸：运动过程中自

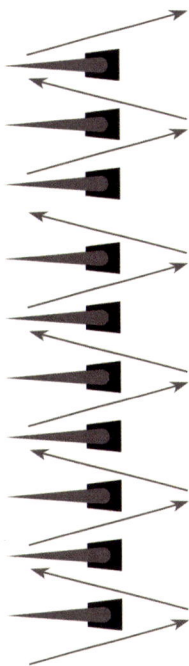

图3-2-21　Z字形滑步

然均匀呼吸。

【安全提示】 注意转换方向时膝关节微屈缓冲，避免拉伤。

【频次及强度】 8秒内完成单趟敏捷梯动作，共3组；每组间歇30秒；强度为80%—90%MHR。

【场地及器材】 平整的场地、标志桶。

【进退阶方法】 进阶：增加阻力。退阶：左右滑步训练。

第二节　武术专项体能锻炼案例

专项体能锻炼组合主要应用于每节锻炼课中的体能锻炼环节，锻炼时间大约10分钟。动作的组合可依据课程的专项技术所涉及的体能素质类型来安排，同时要关注不同学生个体的身体素质情况选择动作进退阶，保证学生在安全有效的状态下完成锻炼，避免运动损伤（组合方式见表3-2-2、表3-2-3、表3-2-4）。运动器材的选择可以根据学校器材的实际情况进行调整，例如，BOSU球可以用平衡板、泡沫砖、拔河大绳等不稳定器材来替代，壶铃可以用任意负重形式来替代，药球可以使用其他球类替代等。教学组织可以在个人完成的基础上，通过双人配合、小组接力、竞速等方式完成锻炼，提高学生锻炼兴趣。

表3-2-2　初级组合

动作名称	锻炼目的	教学组织（队形）	教学方法	练习方法
俯卧撑	针对冲拳技术需要，发展核心稳固度，提高肩部稳定性	× × × × × × × × × × × × × × × × *	讲解法、动作示范法	完整练习法、小群体练习法
站姿弹力带交错前推		× × × × × × × × × × × × × × × × *	讲解法、动作示范法	完整练习法、小群体练习法

表3-2-3　中级组合

动作名称	锻炼目的	教学组织（队形）	教学方法	练习方法
弹力带侧向跨步	针对武术步法的需要，通过提高臀部和下肢力量的锻炼，提高专项运动中的下肢运动能力	× × × × × × × × × × × × × × ＊	讲解法、动作示范法	分解练习法、完整练习法、小群体练习法
壶铃单腿直膝硬拉		× × × × × × × × × × × × × × ＊	讲解法、动作示范法	分解练习法、完整练习法、小群体练习法

表3-2-4　高级组合

动作名称	锻炼目的	教学组织（队形）	教学方法	练习方法
药球左右爆发砸墙	针对武术腰部转体发力的需要，提高左右瞬时爆发力	× × × × × × × × × × × × × × ＊	讲解法、动作示范法	分解练习法、完整练习法、小群体练习法
40米正方形滑步		× × × × × × × × × × × × × × ＊	讲解法、动作示范法	分解练习法、完整练习法、小群体练习法

第三章｜武术教学规范教案与课例

本章以教学实践为依据，共设置了六个模块的武术教学规范教案与课例。结合一体化课程由简到难、纵向一体衔接的指导原则，以学生的发展需求为逻辑主线，本书编写了不同学段的武术教案，具有规范性、可操作性等特点，对武术教学实践具有一定的引领性与指导性。六个模块的武术教学规范教案与课例展示，为一线教师的教学实践提供了参考。

第一节　武术模块一教案与课例

本篇教案设计努力把学生"思、学、练"有机地结合起来，注重激发学生学习的兴趣，引导学生积极、主动地深度学习，一步步深入思考问题和解决问题。学生通过大拇指进行"体验—思考—启发—顿悟—体验"，体悟到拳掌勾动作要点，养成主动思考、主动探究、主动体验的习惯，发挥能动性。在接下来学练拳的运用——冲拳中，学生对武术的实际运用有了深刻理解，最终高效地完成了本课的教学任务。在设计中，安排学生先体验后设疑、讨论，学生主动参与讨论，大胆发表自己的见解，这些都是让学生终身受益的学习方法。课堂中创设的宽松、和谐、平等、充满活力的教学氛围，形成了一种具有感染力的催人向上的教育环境，师生间产生了情感共鸣，并以此为突破口，在短时间内让学生很快进入角色，顺利掌握学习的技能。

教案设计	河北省石家庄市雷锋小学	魏换强
	河北省石家庄市光明路小学	张帅强
	教案指导	武术一体化专家团

学练赛评内容分布表

教学方式	内容安排
学	学习拳掌勾、冲拳动作，体悟拳掌勾及冲拳动作的运用方法
练	大拇指体悟拳掌勾、拳的运用练习——手型变换
赛	校园寻宝——每组迅速完成寻找拳谱任务
评	评价拳掌勾、冲拳动作的熟练度，拳掌勾动作和拳的运用，教师进行点评，学生进行互评

拳掌勾动作技术教学

模块	一	单元	一	课时	1
学段	小学	年级	一	班级	
班级人数	32	性别	男生：18 女生：14	教师	张帅强

教学目标	1. 知识技能学习：通过学练，学生能够了解武术的知识和基本特质，初步掌握拳掌勾、冲拳动作，体悟拳掌勾及冲拳动作的运用方法，提高定向越野识图、定位的能力。 2. 体能素质锻炼：通过学练，学生能建立动作表象，发展动作协调性，提升肢体控制能力，技术动作准确规范，精气神俱到。 3. 情感品格培养：通过学练，学生能体会武术的精气神，理解武术的规矩，培养学生坚持不懈的品质。				
教学内容	武术基本手型：拳掌勾　　拳的应用：冲拳				
教学重点	拳掌勾动作和拳的运用		教学难点	力达拳面，拧腰顺肩，内旋冲拳，动作准确，展示精气神。	

课的结构	课的内容	教学过程与方法	组织与要求（组织图、要求与学法指导）	时间（分）	次数	强度
准备部分	一、课堂常规 （一）集合整队 （二）宣布课的任务	教学过程： 积极进行课堂常规的讲解。	组织：全班学生排成四列横队。 要求： 1. 严格遵守课堂纪律和要求。 2. 按上课要求穿运动服与运动鞋。 	1	1	小
	二、准备活动 （一）快乐飞飞飞	教学过程： 语言简练、清晰，富有渲染性（自信、加油等），语言提示练习中注意安全。	组织：一路纵队围绕场地进行圆形跑。 要求： 热情、迅速、有序地完成练习。	2	1	中

课的结构	课的内容	教学过程与方法	组织与要求 （组织图、要求与学法指导）	时间 （分）	次数	强度
准备部分						
	（二）集中精神游戏 学生跟教师口令模仿做冲拳动作，同时高喊"集中精神"，教师喊数时学生不喊口号。	教学过程： 提示冲拳力达拳面。总结：每个人都是这个团队的一分子。只有做好自己的事，考虑整体的利益，才能共同做好一件事。	组织： 	3	2	中
基本部分	一、学习拳掌勾 （一）大拇指体悟拳掌勾 1. 教师示范，学生观察、对比、学练。 2. 学生个人进行体悟探究。 3. 学生两人结组进行体悟探究，并互相评价。	利用左手大拇指，根据教师要求（横握、大拇指夹住、五指提起）做出动作尝试，体悟拳掌勾的动作核心点。	组织：同上。 要求：认真思考，体验感悟。 小组练习时要求同伴从练习者手中试着抽出大拇指。	2 2 2	1 1 4	中 中 中
	（二）双人配合体验冲拳 1. 教师示范讲解动作。 2. 学生两人结组，体验感悟动作要领。	两人结组，一人防守，一人进攻，体悟冲拳的动作要领。	小组练习时要求两人脚不准动，原地进攻对方，防守方原地进行躲闪或推掌防守。 	2 2	1 4	中 中
	二、拳掌勾练习及运用 （一）拳掌勾练习 1. 学生进行分解练习。 2. 学生进行完整动作练习。	动作指导 拳 要点：拳握紧、拳面平、直腕。 易犯错误：拳面不平、屈腕。	组织：同上。 要求：认真学习，勤奋练习，注意安全。 	4 2	4 4	中 中

课的结构	课的内容	教学过程与方法	组织与要求 （组织图、要求与学法指导）	时间（分）	次数	强度
基本部分	3. 两人小组练习。	掌 要点：四指并拢、掌心开展、竖指。 易犯错误：松指、掌背外凸。 勾 要点：屈腕。 易犯错误：松指，腕没有扣紧。	学生做动作时强调感受武术的精气神。 	2	2	中
	（二）拳的运用——冲拳 1. 结组摸肩练习。 2. 结组近距离冲拳练习。 3. 结组远距离冲拳练习。 4. 学生进行完整练习并展示。	冲拳 要点：拧腰顺肩、力达拳面、内旋冲出。 易犯错误：抬肘，弯腰，左右晃动。	组织：同上。 要求：认真学习，勤奋练习，注意安全，感受发力。 	4	4	中
	（三）专项体能 拳拳到位。	一学生双推掌，另一学生冲拳击打同伴同侧掌。提升击准能力和力达拳面的能力。	组织：同上。 要求：注意安全，每一拳都要力达顶点。 	2	1	中
	三、赛 通过分组寻找宝藏的方式寻找冲拳动作要领口诀。	方法：教师提前将写有口诀的卡片藏到操场的四个角落，并制作藏宝图，按小组分发藏宝图，寻找藏宝图，最终进行宝藏解读。	组织：四组散点。 要求：比赛前需要充分研究藏宝图，小组长分配寻宝任务。	7	1	大

续表

课的结构	课的内容	教学过程与方法	组织与要求（组织图、要求与学法指导）	时间（分）	次数	强度
基本部分						
结束部分	一、放松活动 二、课的小结 三、宣布下课 四、收还器材	教学过程： 1. 随音乐跟教师模仿鸟飞动作。 2. 谈感受与学习心得。总结课上存在的问题，点评学生动作完成质量，安排课后练习内容。 3. 师生相互告别，行抱拳礼下课。	组织：散点。 要求：积极放松身体各部位，防止疲劳堆积。	3	1	小
安全防范	1. 安全隐患：热身不充分；两人结组体验拳掌勾掰手指。 2. 防范措施：各环节练习之前多进行身体活动；高频率进行安全提示。					
场地器材	平整的场地					
练习密度	55%左右		心率曲线			

教学反思　　武术是小学体育教学的重点内容之一。本节课学练拳掌勾，为后期学习五步拳奠定了基础，学生了解了其中的攻防含义，更培养了崇尚武德的精神，初步建立武术套路的概念，提高身体素质，提高动作的速度和连贯性，培养武术兴趣，激发民族自豪感，养成经常运用套路锻炼身体的习惯。拳掌勾是武术的基本动作，是整个武术学习中最先掌握的技术。通过充分体验，学生能够感悟到拳掌勾的动作要点，并在学练中加入拳的运用，学生学得扎实、准确。小学一年级的学生正处在生长发育的关键时期，他们模仿能力强，敢于表现自我，但运动能力也有差异。所以我根据教材特点和学生的实际情况，在辅助教材中选择了校园定向越野，不仅解决了武术教学中学生负荷量太小的问题，更激发了学生的学习兴趣，顺利地完成了本课的任务。

第二节　武术模块二教案与课例

　　本篇教案设计注重激发和保持学生的运动兴趣，让学生对单元学习内容和方式产生比较浓厚的兴趣。在课堂教学中发现的问题能够及时解决，紧紧抓住课的重点。设计专门的练习突破课的难点，让学生充分体验、感悟蹬腿技术动作核心点。该教案设计充分体现了以学生为本的精神，教学由易到难，注重学生能力的培养，以游戏的形式对本节课的内容加以巩固，培养学生学习的兴趣和热情。增加学生自主练习时间，通过自主练习让学生寻找问题，自由地去感受长拳的运动特点，使动作更加有神韵。

教案设计	河北省石家庄市雷锋小学	魏换强
	河北省石家庄高新区第一小学	李世平
	教案指导	武术一体化专家团队

学练赛评内容分布表

教学方式	内容安排
学	学习蹬腿动作技术
练	练习蹬腿（静耗辅助练习、原地练习、双人辅助练习、行进中练习、运用练习）
赛	控腿比赛
评	掌握蹬腿技术熟练程度

蹬腿动作技术教学

模块	二	单元	二	课时	3
学段	小学	年级	三	班级	
班级人数	40	性别	男生：20 女生：20	教师	李世平
教学目标	1. 知识技能学习：通过学练，学生能初步掌握蹬腿技术，运用蹬腿技术做出相应的武术技术动作，提升学生在生活中面对危险时的随机应变能力。 2. 体能素质锻炼：通过练习，学生能发展下肢力量及身体平衡能力，提升身体的速度、力度、幅度、控制性和协调性。 3. 情感品格培养：通过学练，学生能感受武术运动的乐趣，养成积极参与武术锻炼的习惯，培养武德及团队合作精神。				
教学内容	蹬腿				

教学重点	蹬腿技术动作		教学难点		水平蹬腿送髋助力			
课的结构	课的内容	教学过程与方法	组织与要求 （组织图、要求与学法指导）			时间 （分）	次数	强度
准备部分	一、课堂常规 （一）集合整队 （二）宣布课的任务 （三）安排见习生，检查服装	教学过程： 师生行抱拳礼，教师积极进行课堂常规的讲解。	组织：全班学生排成四列横队。 要求： 1. 严格遵守课堂纪律和要求。 2. 按上课要求穿运动服与运动鞋。 3. 见习生认真观摩，进行适当活动。			1	1	小
	二、准备活动 （一）热身活动	教学过程： 教师领跑。 教学方法： 学生听指挥跟跑。	组织：一路纵队，围绕场地进行。 要求： 1. 注意跑动过程中呼吸和节奏的控制。 2. 队列整齐，注意安全，无说话声。 			3	1	中
	（二）柔韧拉伸	教学过程： 教师示范并领做正压腿、提摆腿。 教学方法： 教师领做，口令指挥，学生按节拍进行跟做。	组织：四列横队，两人一组，体操队形散开。 要求：避免受伤。 			3	1	中
基本部分	一、学习蹬腿动作技术 （一）两点式蹬腿辅助练习，学习蹬腿动作，学习腿部动作	教学过程：并步抱拳，提膝勾脚向下30°，蹬腿向下50°，左右腿交替进行蹬腿，力达脚跟。 教学方法： 教师边示范边讲解要领。	组织：四列横队排列，体操队形散开。 要求：认真练习，体会蹬腿动作力点，保持平衡，快速蹬出。 			3	1	中

续表

课的结构	课的内容	教学过程与方法	组织与要求 （组织图、要求与学法指导）	时间（分）	次数	强度
基本部分	（二）学习蹬腿动作	教学过程： 并步抱拳，一腿直立支撑，另一腿提膝由屈到伸蹬出。蹬腿高不过胸，低不过腰，脚尖勾紧，力达脚跟，向前蹬出。 教学方法： 教师边示范边讲解要领。	组织：四列横队，体操队形排列。 要求：认真学习，勤奋练习，体会蹬腿动作力点，保持平衡，快速蹬出。	3	1	中
	二、练习蹬腿 （一）静耗辅助练习	教学过程：A提膝蹬腿，B辅助帮扶，A保持水平蹬腿，AB轮换辅助练习。 原地在教师口令引导下做蹬腿练习。	组织：四列横队，体操队形排列。一排三排向后转，与对面学生形成AB伙伴。	3	2	中
	（二）原地练习	并步抱拳，右腿提膝勾脚前蹬；并步抱拳，左腿提膝勾脚前蹬，原地蹬腿。 发声促力。	要求：认真学习，精神饱满，热情高涨，声音洪亮。	4	4	中
	（三）双人辅助练习	教师与学生配合示范并讲解动作，A半蹲，一侧手臂平举，B面对A手臂做蹬腿，提膝蹬腿在A手臂上方，AB双方配合轮换练习。 教学过程：并步抱拳，左腿提膝蹬腿，向前落脚，连接右腿提膝蹬腿。		4	2	中
	（四）运用练习	学生在大体操垫标志处进行蹬腿练习。	 要求：教师对学生的动作进行点评，引导学生及时改正，并用积极的语言进行鼓励。	5	2	大
	三、赛 专项体能：控腿比赛	学生提膝蹬腿静止，离地不少于50厘米。坚持30秒为优胜。低于50厘米、中途触地自动退出。左右腿互换，2至4组，挑战40秒。	组织：四列横队，体操队形排列。 要求：积极认真比赛。认真学习，大胆展示，提升控腿能力。 	7	3	大

课的结构	课的内容	教学过程与方法	组织与要求 （组织图、要求与学法指导）	时间（分）	次数	强度
结束部分	一、放松活动 二、课的小结 三、宣布下课 四、收还器材	教学过程： 总结课上存在的问题，点评学生学习效果，安排课后练习内容。 师生相互告别，行抱拳礼下课。 教学方法： 教师领做，学生跟做。	组织：四列横队排列。 要求：积极放松身体各部位，防止疲劳堆积。 	4	1	小
安全防范	1. 安全隐患：在双人互助中可能会出现身体接触隐患；行进练习可能出现学生故意接触；在体操垫练习时可能出现脚踝扭伤。 2. 防范措施：各环节练习之前进行语言引导及安全提示。					
场地器材	大体操垫					
练习密度	55%左右		心率曲线 			
教学反思	本课学习内容是武术基本功蹬腿，在教学中，我设计了多种专项练习和特制道具让学生练习蹬腿，体验感悟力达脚跟的力点。在学练过程中，把学练的权利交给学生，我退居幕后，引导学生练习、感悟，使学生的学练更主动。在学练环节，充分发挥学生学习主动性，充分设置学生自主体验、感悟环节，顺利突破本课的难点，充分体现了以学生为本的精神。教学由易到难，注重学生能力的培养，以游戏的形式对本节课的内容加以巩固，培养学生学习的兴趣和热情。增加学生自主练习的时间，通过自主练习让学生寻找问题，自由地去感受长拳的运动特点，使动作更加有神韵。					

第三节　武术模块三教案与课例

　　这堂课所教对象是五年级的学生，为了提高学生学习的兴趣与积极性，在准备环节把双人协作步型趣味练习融入准备活动中，给课堂增添活力的同时还解决了热身问题。在教学环节上设计得严谨、有效，让学生在练习中学会合作、学会探究、学会评价，体验武术运动的魅力、乐趣与成功的喜悦。这节课每个环节的设计都是通过"引导—体验—示范—练习—比较—总结"的流程让学生仔细观察，发现问题，解决问题。学生学得活泼，学得主动，学得积极，学得愉快，身体素质得到了提高，顺利完成了教学任务。课中有趣而又充满挑战性的攻防演练环节不但让学生充分体验了武术动作的攻防含义，而且培养了学生勇猛顽强、坚持不懈的品质。

<table>
<tr><td rowspan="4">教案设计</td><td>河北省石家庄市雷锋小学</td><td>魏换强</td></tr>
<tr><td>河北省邯郸市永年区第十中学</td><td>白　燕</td></tr>
<tr><td>河北省武魂武术青少年俱乐部</td><td>魏李旭</td></tr>
<tr><td>教案指导</td><td>武术一体化专家团队</td></tr>
</table>

学练赛评内容分布表

教学方式	内容安排
学	学习大跃步前穿动作技术
练	大跃步前穿单式练习、大跃步前穿攻防练习
赛	大跃步跳栏架比快接力赛
评	掌握大跃步前穿动作技术的熟练程度

大跃步前穿动作技术教学

模块	三	单元	二	课时	1
学段	小学	年级	五	班级	
班级人数	40	性别	男生：20 女生：20	教师	白燕

教学目标	1. 知识技能学习：通过学练，学生能初步掌握大跃步前穿的动作要领，形成一定的动觉表象和对武术空间方位的认知感。 2. 体能素质锻炼：通过学练，学生能发展上下肢力量和动作的协调性，提升肢体控制能力，体悟武术动作的攻防内涵。 3. 情感品格培养：通过学习，学生能感知武术运动的文化价值，培养勇猛顽强、坚持不懈的品质。
教学内容	大跃步前穿

教学重点	大跃步技术动作	教学难点	跳得高、跃得远

课的结构	课的内容	教学过程与方法	组织与要求 （组织图、要求与学法指导）	时间（分）	次数	强度
准备部分	一、课堂常规 （一）集合整队 （二）宣布课的任务	教学过程： 积极进行课堂常规讲解。	组织：全班学生成四列横队站立。 	1	1	小

课的结构	课的内容	教学过程与方法	组织与要求（组织图、要求与学法指导）	时间（分）	次数	强度
	（三）安排见习生，检查服装		要求： 1. 严格遵守课堂纪律和要求。 2. 按上课要求穿运动服与运动鞋。 3. 见习生认真观摩，进行适当活动。			
准备部分	二、准备活动 （一）武术专门性活动	教学过程： 教师领做。 教学方法： 学生跟做。	组织：四路横队排列。 要求： 1. 注意动作节奏和控制。 2. 队列整齐，动作认真。	2	1	中
	（二）双人步型趣味操 弓步：两人同做左弓步，左手扶自己膝盖，右手扶同伴大腿，帮助同伴做下压动作。 马步：两人双手握掌，成马步，同时向一侧插步成背对马步，听口令返回成马步。 歇步：两人握掌经头顶成8字环绕于头颈部，下蹲成歇步，听口令变向。	教学过程： 教师示范并领做。 教学方法： 口令指挥，学生按节拍进行跟做。	组织：四列横队排列，两人一组，体操队形散开。 要求：两人配合，三种步型，动作舒展，使各关节充分活动，避免受伤。 	4	1	中
基本部分	一、学习大跃步前穿动作技术 （一）学习腿部动作 1. 学习原地换腿提膝动作。	教学过程： 先右腿提起，右脚落地时左腿提起。 教学方法： 教师边示范边讲解要领。	组织：四列横队，体操队形排列。 要求：认真学习，勤奋练习，注意安全。 	4	4	中

课的结构	课的内容	教学过程与方法	组织与要求 （组织图、要求与学法指导）	时间 （分）	次数	强度
基本部分	2. 学习上步换腿提膝动作。	教学过程： 左腿在前右腿在后，右腿向前抬腿上步，右脚落地，同时左腿提起落在右脚前，熟练掌握上步动作后加快速度练习。 教学方法： 教师边示范边讲解要领。	组织：四列横队，体操队形排列。 要求：认真学习，勤奋练习，注意安全。 	4	4	中
	（二）双摆臂架掌学习 1. 原地学习左右手臂前后抡臂动作。 2. 原地学习同侧和异侧双摆臂动作。 3. 原地学习顺时针同侧双摆臂动作。 4. 原地学习顺时针同侧双摆臂架掌动作。	教学过程： 教师示范并领做。 教学方法： 教师边示范边讲解要领。	组织：四列横队，体操队形排列。 要求：认真学习，勤奋练习，注意安全。 	4	4	中
	（三）上下肢动作结合学习	教学过程： 左脚在前右脚在后，左脚蹬地身体腾空右转，右脚向前跃步，两臂向上向右空中抡摆，右臂摆至身体右侧，掌心朝外；左掌架于头上，掌心朝上；目视右手方向。 教学方法： 教师边示范边讲解要领。	组织：四列横队，体操队形排列。 要求：认真学习，勤奋练习，注意安全。 	4	4	中
	二、大跃步前穿练习 （一）大跃步前穿单式练习	教学过程： 教师示范并领做。 教学方法： 教师边示范边讲解要领。		4	3	中

课的结构	课的内容	教学过程与方法	组织与要求 （组织图、要求与学法指导）	时间（分）	次数	强度
基本部分	（二）大跃步前穿攻防练习	教学过程： 当甲方向乙方腿部踢过来时，乙方即提左腿，同时右手下挂，抄抱甲方踢来的腿。如抄抱不成，左腿下落，两臂同时向右格开甲方来拳，并跃进伸左腿扣住甲方腿，或用左手搂甲方腿，或格开甲方拳，同时右掌猛击甲方面部。 教学方法： 教师边示范边讲解要领。	组织：四列横队，体操队形排列。 要求：认真学习，勤奋练习，注意安全。 	4	3	中
	三、赛 专项体能：大跃步跳栏架比快接力赛 学生运用大跃步跨过所有栏架，返回后和下一人击掌接力。	教学过程： 教师示范并领做。 教学方法： 口令指挥，学生按要求进行比赛。	组织：四路纵队排列。 要求：认真比赛，注意安全。 	6	2	大
结束部分	一、放松活动 二、课的小结 三、宣布下课 四、收还器材	教学过程： 总结课上存在的问题，点评学生动作完成质量，安排课后练习内容。 师生相互告别，行抱拳礼下课。 教学方法： 教师领做，学生跟做。	组织：四列横队排列。 要求：积极放松身体各部位，防止疲劳堆积。 	3	1	小
安全防范	1. 安全隐患：跳跃过程中扭伤脚踝；接力赛过程中学生冲撞。 2. 防范措施：各环节练习之前多进行身体活动；多频率进行安全提示。					
场地器材	栏架20个					
练习密度	55%左右		心率曲线			

续表

教学反思	这堂课为了提高学生学习的兴趣与积极性，我在准备环节把双人协作步型趣味练习融入学生的准备活动中，给课堂增添活力的同时还解决了热身问题；在教学环节，我力求扎实、实用，在动作技能上要求精益求精。我设计学生主动学习，通过跳栏架让学生体悟起跳挺身，引导学生体验—感悟—练习—比较，让学生仔细观察，发现问题，解决问题，强调重点，突破难点。学生学得活泼，学得主动，学得积极，学得愉快，身体素质得到了提高，本课顺利完成教学任务。课中攻防演练中有趣而又充满挑战性的对练环节不但让学生充分体验武术动作的攻防含义，而且培养了勇猛顽强、坚持不懈的品质。

第四节　武术模块四教案与课例

　　本篇教案设计学、练、赛、评四个环节，通过学练，学生能够认知所学组合的动作名称，初步掌握抱拳弹踢—金丝缠腕—马步冲拳—转身平扫前推掌组合的基本要领，动作方法、路线正确，能够协调连贯、劲力顺达地完成动作演练，发展了柔韧性、灵敏、力量、速度等身体素质和动作的衔接能力。课堂学习中，学生体验感悟，找到技术动作的核心点，顺利突破本课的难点。学习由易到难，学生能够扎实地掌握技术动作，并对易犯错误进行纠错。在练的过程中，教师对学生容易犯的普遍性错误进行集体纠错，再将个别学生出现的其他错误进行单独纠错，在反复纠错、练习、再纠错的过程中学生巩固了技术动作。在赛的环节中，学生积极创编攻防对打动作，体现了学生学习的主体性。专项体能弓马步争方巾比赛进一步增强了学生的马步桩能力，培养了顽强拼搏的竞争意识。通过学、练、赛、评整个教学过程，学生能体会武术运动特有的魅力，发现问题并解决问题，享受学习的乐趣与成功的喜悦，最终激发习武兴趣，养成终身健身的习惯。

教案设计	河北省石家庄市雷锋小学	魏换强
	河北省邢台市第二十三中学	王丽娟
	洛阳师范学院体育学院	程　楠
	河南省洛阳市第二外国语学校	于　溪
	教案指导	武术一体化专家团队

学练赛评内容分布表

教学方式	内容安排
学	学习三段长拳组合动作技术
练	用方巾体悟抱拳弹踢、用方巾体悟马步冲拳、用方巾体悟转身平扫前推掌、完整动作练习
赛	攻防创编赛、弓马步争方巾比赛
评	掌握抱拳弹踢—金丝缠腕—马步冲拳—转身平扫前推掌组合技术动作的熟练程度

三段长拳组合动作技术教学

模块	四	单元	一	课时	1
学段	初中	年级	一	班级	
班级人数	32	性别	男生：16 女生：16	教师	王丽娟

教学目标	1. 知识技能学习：通过学习，学生能够说出所学组合动作的名称，初步掌握抱拳弹踢—金丝缠腕—马步冲拳—转身平扫前推掌组合的基本要领，动作方法、路线正确，能够协调连贯、劲力顺达地完成动作演练。 2. 体能素质锻炼：通过练习学生能发展柔韧性、灵敏、力量、速度等身体素质和动作的衔接能力。 3. 情感品格培养：学生能够通过学练培养合作意识和规则意识，学练中能够培养敢于向前、顽强果敢的优良品质。
教学内容	抱拳弹踢—金丝缠腕—马步冲拳—转身平扫前推掌组合

教学重点	组合技术动作	教学难点	协调连贯、劲力顺达地完成动作

课的结构	课的内容	教学过程与方法	组织与要求（组织图、要求与学法指导）	时间（分）	次数	强度
准备部分	一、课堂常规 （一）集合整队 （二）宣布课的任务 （三）安排见习生，检查服装	教学过程： 师生行抱拳礼，积极进行课堂常规的讲解。	组织：全班学生成四列横队站立。 要求： 1. 严格遵守课堂纪律和要求。 2. 按上课要求穿运动服与运动鞋。	1	1	小

续表

课的结构	课的内容	教学过程与方法	组织与要求 （组织图、要求与学法指导）	时间 （分）	次数	强度
			3. 见习生认真观摩，进行适当活动。 			
准备部分	二、准备活动 一般性准备活动 1. 热身蛇形慢跑。	教学过程： 教师领跑。 教学方法： 学生听指挥跟跑。	组织：两路纵队，围绕场地进行蛇形慢跑。 要求： 1. 注意跑动过程中呼吸和节奏的控制。 2. 队伍整齐，安静，速度适中。 	2	1	小
	2. 反口令手型变换。	教学过程：教师先带领学生进行手型变换练习，然后进行反口令手型变换；教师喊拳，学生做掌；教师喊掌，学生做勾；教师喊勾，学生做拳。	组织：四列横队，体操队形排列。 要求：随教师口令一起做动作，要认真，注意力集中。 	3	3	中
	3. 柔韧拉伸。	教学过程： 教师示范并领做原地正压腿、侧压腿。 教学方法： 口令指挥，学生按节拍进行跟做。	组织：四列横队，体操队形排列。 要求：随口令一起拉伸，要认真，避免受伤。 	1	1	小

课的结构	课的内容	教学过程与方法	组织与要求 （组织图、要求与学法指导）	时间 （分）	次数	强度
基本部分	一、学习三段长拳组合动作技术 （一）示范 抱拳弹踢—金丝缠腕—马步冲拳—转身平扫前推掌组合	教学过程： 教师演练组合动作。 教学方法： 教师示范。	组织：四列横队，体操队形排列。 要求：认真观看听讲。 	1	1	小
	（二）分解动作学习	教学过程： 教师带领学生学习抱拳弹踢—金丝缠腕—马步冲拳—转身平扫前推掌四个动作并及时提示要点。	组织：四列横队，体操队形排列。 要求：抱拳弹踢力达脚尖，金丝缠腕要求右拳变掌前摆后翘腕，顺时针外旋握拳，左掌抓握右手腕。马步冲拳，大腿与地面平行，冲拳力达拳面。 认真听讲，仔细观察，按要求练习，动作到位。 	6	5	中
	二、体验感悟 （一）用方巾体悟抱拳弹踢	教学过程： 一名学生两手握住方巾两侧，做弓步双推动作，同伴做抱拳弹踢动作，弹踢方巾中间。教师带领学生跟随口令练习。 教学方法： 教师巡视检查学生动作，并对易犯错误动作进行纠错。	组织：四列横队排列，两人一组。 要求：学生认真做动作，并体验力点；积极回答老师提问。	3	2	中
	（二）用方巾体悟马步冲拳	教学过程： 一名学生两手握住方巾两侧，做弓步双推动作，同伴做马步冲拳动作，冲拳击打方巾中间。教师带领学生跟随口令练习。 教学方法： 教师巡视检查学生动作，并对易犯错误动作进行纠错。	组织：四列横队排列，两人一组。 要求：学生认真做动作，并体验力点，积极回答老师提问。 	3	2	中

续表

课的结构	课的内容	教学过程与方法	组织与要求（组织图、要求与学法指导）	时间（分）	次数	强度
基本部分	（三）用方巾体悟转身平扫前推掌	教学过程：一名学生两手握住方巾两侧，做弓步双推动作，同伴做转身平扫前推掌动作，推掌击打方巾中间。教师带领学生跟随口令练习。教学方法：教师巡视检查学生动作，并对易犯错误动作进行纠错。	组织：四列横队排列，两人一组。要求：学生认真做动作，并体验力点。用方巾体验不同距离跳步推掌动作，并总结出跨出的弓步要快而远的动作要点，积极回答老师提问。	3	2	中
	（四）完整动作练习	教学过程：1. 教师带领学生跟随口令练习。根据各组情况，针对性指导学生动作。教学方法：将四个分解动作串联起来进行完整练习。2. 分组展示。	组织：四列横队，体操队形排列。要求：1. 按要求练习，动作到位。2. 在小组长带领下，各组精彩展示。	4	3	中
	三、赛（一）攻防创编赛 1. 四个小组分别用所学四个动作创编攻防动作：1组创编抱拳弹踢的攻防动作；2组创编金丝缠腕的攻防动作；3组创编马步冲拳的攻防动作；4组创编转身平扫前推掌的攻防动作。2. 各组展示，师生评价，最优秀者获胜。	教学过程：1. 讲解创编要求，并布置每组任务。2. 引导并启发各组创编攻防动作。3. 教师组织各组分别展示创编的攻防动作。	组织：分为四组。1. 根据教师布置的任务，各组分别探讨不同动作的攻防方法。2. 各组分别展示创编的攻防动作。要求：按要求完成比赛动作，培养团队合作与竞争意识，注意安全。	7	1	中

课的结构	课的内容	教学过程与方法	组织与要求 （组织图、要求与学法指导）	时间 （分）	次数	强度
基本部分	（二）专项体能：弓马步争方巾比赛 比赛规则：两人间隔一步马步蹲立，各持方巾一端争抢，一方脚离地即为输，三局两胜。	教学过程： 1. 教师讲解示范弓马步抢方巾的比赛方法。 2. 不断鼓励学生坚持，督促学生动作到位。	组织：两人一组，间隔一步，下肢为马步或弓步，单手争抢方巾，三局两胜。 要求：腿法只能为弓步和马步。 	3	2	大
结束部分	一、放松活动 二、课后小结 三、宣布下课 四、收还器材	教学过程： 随着音乐，教师带领学生做拉伸放松练习。 总结课上存在的问题，点评，安排课后练习内容。 师生相互告别，行抱拳礼下课。	组织：四列横队排列。 要求：积极放松身体各部位，防止疲劳堆积。 	3	1	小
安全防范	1. 安全隐患：体验感悟动作和攻防时产生的隐患。 2. 防范措施：各环节练习之前充分热身；体悟动作和攻防时多进行安全提示。					
场地器材	小方巾					
练习密度	55%左右		心率曲线			

教学 反思	这堂课所教对象是初一年级的学生，我在教学中充分让学生体验、感悟，找到技术动作的核心点，提高了学生学习的主动性和积极性，顺利达成了设定的教学目标。我在课堂中用简练的语言进行引导，使学生能够快速理解并灵活运用，调动学生的学习兴趣，激发学生的学习欲望，做到具体问题具体分析，因材施教，合理、灵活地进行教学。在整个教学过程中，通过学、练、赛、评四个环节让学生体会武术特有的魅力，能发现问题并解决问题，享受学习的乐趣与成功的喜悦，最终激发习武兴趣，养成良好的健身习惯，培养团队协作精神和勇猛顽强的品质。

第五节　武术模块五教案与课例

　　本节课教学紧紧围绕学、练、赛、评四个环节科学有序进行，在课堂教学中设计了体验感悟野马分鬃的蹬腿、转腰、走手用力顺序的练习，以及动作攻防技击的练习，学生能知其然并知其所以然，理解该动作蹬腿、转腰、走手的用力顺序，并反复体悟此关键点和重点，以此突破教学难点。学习环节采用分解教学法、示范法，提高学生观察、模仿能力和整合信息能力。练习环节，在确保学生安全的前提下采用两人配合方式开展攻防技击练习。另外，创新地变换整体行进间路线的练习，激发学生创新能力，提高适应能力，增强情绪调控能力。竞赛环节，主要采用分组集体赛的形式依次进行，以此激发学生学习太极拳的兴趣，增强团结协作意识、规则意识和竞争意识。教学中，通过教师点评，学生自评、互评等形式提高学习、练习效率和教学效果，不同形式的讲评贯串于学、练、赛的整个过程中，提高了学生发现、解决问题的能力和语言表达能力。

教案 设计	河北省沙河市第二中学	李各飞
	洛阳师范学院体育学院	安献周
	洛阳理工学院体育部	郭文革
	商丘师范学院体育学院	姚丽华
	教案指导	武术一体化专家团队

教学方式	内容安排
学	学习野马分鬃动作技术
练	原地完整练习野马分鬃、行进间练习野马分鬃、野马分鬃攻防练习
赛	野马分鬃集体赛
评	掌握野马分鬃动作技术熟练程度

野马分鬃动作技术教学

模块	五	单元	一	课时	1
学段	高中	年级	一	班级	
班级人数	40	性别	男生：20 女生：20	教师	李各飞
教学目标					

教学目标	1. 知识技能学习：学生能初步掌握野马分鬃的动作要领、攻防含义，理解该动作蹬腿转腰走手的用力顺序，能正确认知和把握太极拳的风格特点与本体感受。 2. 体能素质锻炼：学生能发展上下肢力量和动作的协调性，提升肢体控制能力。 3. 情感品格培养：在学练赛中，学生能通过身体动作认识太极拳蕴含的阴阳哲学，通过比赛培养合作精神、竞争意识、尊重意识，具有一定的挑战自我和情绪调控能力，提升发现问题和解决问题的能力。
教学内容	野马分鬃动作技术

教学重点	野马分鬃的技术动作	教学难点	蹬腿转腰走手的用力顺序

课的结构	课的内容	教学过程与方法	组织与要求 （组织图、要求与学法指导）	时间（分）	次数	强度
准备部分	一、课堂常规 （一）集合整队 （二）宣布课的任务 （三）安排见习生，检查服装	教学过程： 积极进行课堂常规的讲解。	组织：全班学生成四列横队站立。 要求： 1. 严格遵守课堂纪律和要求。 2. 按上课要求穿运动服与运动鞋。 3. 见习生认真观摩，进行适当活动。 	1	1	小

续表

课的结构	课的内容	教学过程与方法	组织与要求（组织图、要求与学法指导）	时间（分）	次数	强度
准备部分	二、准备活动（一）武术喊数抱团	教学过程： 教师领跑，形成图形后，学生听老师口令几人一组做武术动作。 教学方法： 学生听指挥进行游戏。	组织：一路纵队排列。 要求： 1. 增强游戏过程中的安全意识。 2. 反应迅速，动作规范。 	3	4	小
	（二）热身操	教学过程： 教师示范并领做扩胸运动、振臂运动、弓步压腿、仆步压腿、正压腿。 教学方法： 口令指挥，学生按节拍跟做。	组织：四列横队排列，两人一组，体操队形散开。 要求：避免受伤。 	3	1	小
基本部分	一、学习野马分鬃动作技术（一）完整示范	教学过程： 行进间演练左右野马分鬃。 教学方法： 教师边示范边讲解要领。	组织：四列横队，体操队形排列。 要求：认真观察，善于思考。 	1	1	小
	（二）学习上肢动作	教学过程： 先左抱球，然后左手向后右手向前分掌；再右抱球，左手向前右手向后分掌。 教学方法： 教师边示范边讲解要领。	组织：四列横队，体操队形排列。 要求：认真观察，积极模仿，勤奋练习，注意安全。 	3	4	中

课的结构	课的内容	教学过程与方法	组织与要求 （组织图、要求与学法指导）	时间（分）	次数	强度
基本部分	（三）学习下肢动作	教学过程： 两手叉腰，右丁步起势，右前方上右脚成弓步，后坐外摆脚，重心前移收左脚成丁步；再向左前方上步成弓步，然后依次交换前进。 教学方法： 教师边示范边讲解要领。	组织：四列横队，体操队形排列。 要求：认真观察，积极模仿，勤奋练习，注意安全。 	3	4	中
	（四）体验感悟蹬腿转腰走手动作以及蹬腿转腰走手的用力顺序	教学过程： 1. 两人一组，甲伸出左手格挡乙左上臂，乙体验转腰推动甲手掌。 2. 乙加上蹬腿动作，体验蹬腿转腰力度的增加。 3. 乙体验向上发力和向外走手发力的不同。	组织：四列横队排列，两人一组。 要求：认真观察，积极体悟，勤奋练习，注意安全。 	3	3	中
	（五）完整学习野马分鬃动作	教学过程： 左抱球，右前方上步成弓步，两手分掌，后坐外摆右脚，重心前移收左脚，同时两手右抱球，然后左前方上步成弓步，两手分掌。 教学方法： 教师边示范边讲解要领。	组织：四列横队排列。 要求：认真观察，积极学习，勤奋练习，注意安全。 	3	4	中
	二、体验感悟 （一）原地完整练习野马分鬃	教学过程： 教师示范并领做。 教学方法： 教师边示范边讲解要领，运用正误对比纠错法纠正错误动作。	组织：四列横队，体操队形排列；一列三列向后转，与对面学生形成一组搭档，互相配合。 要求：认真观察，善于发现问题，积极讲评，发扬团结协作精神。 	2	3	中

续表

课的结构	课的内容	教学过程与方法	组织与要求 （组织图、要求与学法指导）	时间 （分）	次数	强度
基本部分	（二）行进间练习野马分鬃	教学过程： 教师讲解行进路线和转向方法及要领，学生分组练习。 教学方法： 教师巡回指导。	组织：分四组依次在排头带领下按圆形或三角形前进。 要求：认真练习，注意力集中，注意安全，发扬团结协作精神。 	3	1	中
	（三）野马分鬃攻防练习	教学过程： 当甲方正面上右步冲右拳打乙方胸部时，乙用右手下采甲方右手，化解甲方攻击。乙左手由下向上插入甲方腋下，贴近甲方身体后侧上左脚扣双腿或脚跟，之后用左臂外侧分靠甲方。 教学方法： 教师边示范边讲解要领。	组织：四列横队排列，体操队形；一排三排向后转，与对面学生形成一组搭档，互相配合。 要求：认真观察，善于发现问题，积极讲评，严禁快速发力。 	4	8	大
	（四）体能练习掤按桩	教学过程： 两人一组，一人做野马分鬃动作，一人用两手按住同伴的上臂，听教师口令，两人同时发力，相持，听教师口令结束。 教学方法：教师和一位同学边示范边讲解要领。	组织：两人一组，做完一组后交换角色。 30秒/组，完成2组。每组间歇30—45秒。 要求：核心收紧，保持躯干稳定；向下蹲时支撑腿膝关节不要超过脚尖，向上时膝关节不要超伸，避免膝关节损伤。不要突然发力，要用柔劲。 	4	2	大
	三、赛野马分鬃集体赛	教学过程： 教师讲解竞赛方法和注意事项。 教学方法： 口令指挥，学生按要求进行比赛。	组织：平均分配班级人数为两队，每队集体按教师指定队形依次演练、比赛。 要求：认真竞赛，注意练习整齐，动作准确，注意安全。发扬团结协作精神。	4	1	大

续表

课的结构	课的内容	教学过程与方法	组织与要求 （组织图、要求与学法指导）	时间（分）	次数	强度
基本部分						
结束部分	一、放松活动 二、课的小结 三、宣布下课 四、收还器材	教学过程： 1. 在音乐氛围中，学生跟着教师做太极放松功。 2. 教师总结课上存在的问题，点评学生动作，安排课后练习内容。 3. 师生相互告别，行抱拳礼下课。 教法：教师领做，学生跟做。	组织：四列横队排列。 要求：积极放松身体各部位，防止疲劳堆积。 	3	1	小
安全防范	1. 安全隐患：攻防练习时，双方身体接触，发力力度把控不够或学生故意发大力，存在无防备摔倒隐患。 2. 防范措施：各环节练习之前进行语言引导及安全提示。					
场地器材	武术地毯或平整的场地、小音箱					
练习密度	55%左右	心率曲线				
教学反思	本节课在新课程理念指导下，严格遵循教育教学规律，突出"健康第一"的指导思想，强调以学生为中心的教育理念，学生能够在运动参与、运动技能、身体健康、心理健康、社会适应和情感培养等方面得到全面的锻炼和发展。教学设计科学严谨、合理有效，学、练、赛、评，层层递进，激发学生成功完成野马分鬃技术学习的目标，体验太极拳慢速运动的风格和特点，感受中国优秀传统文化的博大精深和深刻内涵。同时，攻防演练环节充满挑战性，学生不仅能充分体验太极拳动作的攻防含义，而且能培养勇猛顽强、坚持不懈、团结协作的品质和一定的自控能力。本次课在传统音乐的伴奏下，课堂氛围和谐、活跃，进一步激发了学生学习太极拳的兴趣。在评价环节，教师积极引导，学生积极思考，锻炼了发现问题并解决问题的能力。					

第六节　武术模块六教案与课例

　　本篇教案设计的各个环节都是以学生为中心，利用学、练、赛、评的环节，突破教学内容的重难点。在课的开始部分，让学生复习武术的基本功，防止运动损伤。通过学练，学生能够掌握旋子的动作要领，感受难度动作的空中之美。通过竞赛，磨炼学生坚持不懈、勤学苦练的意志品质，提高自学和团结协作的能力，通过教师点评、学生互评和自评的环节，提高学生的武术鉴赏能力和发现问题、解决问题的能力。依据学、练、赛、评的设计思路，各个部分重点突出并且相互联系，遵循从易到难的原则，层层递进。教学中强化练习方法的趣味性和简易操作性，充分利用简单易操作的器材，通过语言提示、慢速领做、动作示范、正误对比纠错、目标辅助等丰富多样的练习方法，激发学生的练习积极性，提高学生的肌肉本体感觉和对武术空间方位的认知感。

教案设计	洛阳师范学院体育学院	张校峰
	洛阳师范学院体育学院	姚伟华
	商丘师范学院体育学院	刘卫峰
	教案指导	武术一体化专家团队

学练赛评内容分布表

教学方式	内容安排
学	学习旋子动作技术
练	口令指导练习辅助摆腿，原地俯腰，蹬地腾空，摆腿
赛	旋子比赛
评	评价旋子动作的连贯性、腾空空中造型，教师进行点评，学生进行互评

旋子动作技术教学

模块	六	单元	一	课时	1
学段	大学	年级	一	班级	
班级人数	40	性别	男生：20 女生：20	教师	张校峰
教学目标	1. 知识技能学习：通过学练，学生初步掌握旋子技术要领，能正确认识和把握旋子腾空摆腿感觉与本体感受。 2. 体能素质锻炼：通过练习，学生能发展下肢力量及身体平衡能力，提升身体的速度、力度、幅度、控制性和协调性。 3. 情感品格培养：通过学练赛，学生能感受武术之美，提高武术鉴赏能力，培养坚持不懈、勤学苦练的意志品质。				
教学内容	旋子				
教学重点	起跳前甩腰、摆腿、蹬地		教学难点	蹬地腾空、摆腿	

续表

课的结构	课的内容	教学过程与方法	组织与要求（组织图、要求与学法指导）	时间（分）	次数	强度
准备部分	一、课堂常规 （一）集合整队 （二）宣布课的任务 （三）安排见习生，检查服装	教学过程： 师生行抱拳礼，教师积极进行课堂常规的讲解。	组织：全班学生成四列横队站立。 要求： 1. 严格遵守课堂纪律和要求。 2. 按上课要求穿运动服与运动鞋。 3. 见习生认真观摩，进行适当活动。 	1	1	小
	二、准备活动 （一）热身慢跑	教学过程： 教师领跑。 教学方法： 学生听指挥跟跑。	组织：一路纵队，围绕场地进行慢跑。 要求： 1. 注意跑动过程中呼吸和节奏的控制。 2. 队列整齐，注意安全，保持安静。 	3	1	中
	（二）柔韧拉伸	教学过程： 教师示范并领做正压腿、后撩腿。 教学方法： 口令指挥，学生按节拍进行跟做。	组织：四列横队排列，体操队形散开。 要求：逐渐增加练习幅度，避免受伤。 	3	1	中
基本部分	一、学习旋子动作技术 （一）学习俯腰摆臂动作	教学过程： 原地分腿站立，两臂侧平举，身体右转由右侧下俯，经右前转向左侧，两手随身体摆动练习。 教学方法： 教师边示范边讲解要领。	组织：四列横队，体操队形排列。 要求：认真练习，体会摆腿动作幅度，保持平衡。 	4	1	中

续表

课的结构	课的内容	教学过程与方法	组织与要求（组织图、要求与学法指导）	时间（分）	次数	强度
基本部分	（二）学习蹬地后摆腿动作	教学过程：原地分腿站立，两臂侧平举，身体右转由右侧下俯，经右前转向左侧，两手上举，左脚蹬地摆起右腿。教学方法：教师边示范边讲解要领。	组织：四列横队，体操队形排列。要求：认真学习，体会甩腰、摆腿动作感觉，保持平衡，勤奋练习甩腰蹬地摆腿。	3	1	中
	（三）辅助摆腿学习	教学过程：两人一组进行辅助摆腿学习。教学方法：教师边示范边讲解要领。	组织：面对肋木，辅助练习时，以排为单位依次进行练习。要求：认真练习，充分体悟俯腰、蹬地、摆腿动作。	4	4	中
	二、分步骤练习（一）口令指导练习	教学过程：在教师口令引导下进行左脚蹬地俯腰、摆腿练习。教学方法：口令引导下慢速领做。	组织：四列横队，体操队形排列。要求：认真练习，充分体悟俯腰、蹬地、摆腿动作。	4	5	大
	（二）辅助蹬地摆腿练习	教学过程：原地进行俯腰、蹬地腾空、摆腿练习。借助肋木体验蹬地、摆腿练习。教学方法：教师讲解示范，根据学生练习情况进行点评，学生互评。	组织：四列横队，体操队形排列。要求：认真练习，注意安全，大胆练习，着重体会蹬地和摆腿动作。	4	5	大
	（三）完整动作练习	教学过程：原地进行完整动作的练习，比一比腾空高度，谁最美、最规范。教学方法：教师讲解示范，根据学生练习情况进行点评，并正误对比纠错。	要求：认真练习，注意安全，勇于尝试，挑战自我，注意体会蹬地腾空动作。	4	5	大

续表

课的结构	课的内容	教学过程与方法	组织与要求 （组织图、要求与学法指导）	时间（分）	次数	强度
基本部分	三、旋子比赛	教学过程： 两人一组比一比腾空高度和谁的动作更规范。 教学方法： 根据学生竞赛情况，教师点评动作的连贯性、空中姿态等，引导学生感受武术之美；随机抽选学生进行点评。	组织：随机抽选学生进行点评。 要求：严肃认真，注意安全，勇于尝试，挑战自我。 	6	1	中
	四、体能练习	教学过程： 马步纵跳接马步，循环练习。 教学方法： 教师巡回指导。	组织：四列横队，体操队形排列。 要求：认真练习，体现坚持不懈、勤学苦练的精神。 	2	1	大
结束部分	一、放松活动 二、课的小结 三、宣布下课 四、收还器材	教学过程： 拉伸腰腹。总结课上存在的问题，点评学生动作完成质量，安排课后练习内容。师生相互告别，行抱拳礼下课。 教学方法： 教师领做，学生跟做。	组织：四列横队排列。 要求：积极拉伸放松身体，防止疲劳堆积。 	2	1	小
安全防范	1. 安全隐患：在双人互助练习当中可能会出现身体接触隐患；行进练习时可能会出现学生故意接触；肋木练习时可能会出现脚踝扭伤情况。 2. 防范措施：各环节练习之前进行语言引导及安全提示。					
场地器材	肋木					
练习密度	60%左右	心率曲线				
教学反思	这堂课的教学对象是大学一年级的学生，课程贯串了以学生为中心的教学理念，依据学、练、赛、评的设计思路，遵循从易到难的原则，采用灵活多样的教学方法，圆满完成了教学任务。通过学练环节，学生掌握旋子动作要领，提升了对身体的控制能力和协调能力。比赛、自评和互评的环节检验了学生对跳跃动作的掌握情况，以及学生发现问题和解决问题的能力。在整个教学过程中，各个部分重点突出且相互联系，层层递进，引导学生感受武术之美，提高武术鉴赏能力，培养学生自信、果敢、勤学苦练的意志品质，以及合作精神和竞争意识。					